［新装版］

道は無限にある

The Paths Are Infinite

松下幸之助

PHP

まえがき

お互い人間というものは、よい状態が続いたり、少し事がうまくいったとなると、とかく易きにつきやすいものです。そして、そこに安住してしまって、新しいものを求める熱意が欠けてくるきらいがあるように思います。これも人間の心理として、一面ムリからぬことではあるでしょう。けれども、それでは変化発展していく時の流れについていけなくなって、やがては進歩向上もとまってしまうのではないでしょうか。

だからやはり、常にみずから新しいものをよび起こしつつ、なすべきことをなしていくという態度を忘れてはならないと思います。お互いが、日々の生活、仕事の上において、そういう心構えをもちつづけている限り、一年前と今日の姿とはおのずとそこに変化が生まれてくるでしょうし、また一年先、五年先にはさらに新たな生活の姿、仕事の進め方が生まれ、個人にしろ事業にしろ、そこに大きな進歩向上がみられるでしょう。

こう考えれば、まさに〝道は無限にある〟という感じがします。大切なのは、そういうことを強く感じて、熱意をもってやるかやらないかです。ふしぎなもので、熱意をもって事にあたれば、なすべきことは次から次へと生まれてくるものです。

今日、この社会の動きはまことにめまぐるしく、むつかしい問題も次つぎと起こってきています。が、こうした時期だからこそ、日に新たな心構えで日々の仕事、活動に熱心に取り組んでいけば、次つぎとよりよき知恵も生まれてきやすいのではないでしょうか。

みなさんが、そうした日に新たな考えをもって生活し、活動し、仕事を進めていく上で、私のこれまでの体験が何らかの参考になればと思い、若い人、青年社員などへ私がこれまで話してきたことをまとめてみたわけです。この本が多少なりともみなさんのご参考になるなら、まことに幸せです。

昭和五十年五月

松下幸之助

[新装版]

道は無限にある

目次

第三章 実力を伸ばす

第六章 日本を考える

第七章 正しさを求めつつ

装丁――石間淳

第一章　困難をのり越えるために

志を固くして

身のやせるような思いを

みなさんが学校を卒業されるまでには、相当勉強も、努力もされたと思います。なかにはそれを苦労とも骨折ったとも考えない、生まれつき非常に優秀な方もあるかもしれません。が、私はやはり学校へ入るのも競争、また卒業するのもある種の競争のうちにそれを突破されたのですから、相当みなさんは苦労を重ねてきておられると思います。しかし、みなさんは、そういった苦労以上の苦労を実社会においてされるわけです。

世の中をバカにして、何でも適当にやっておけばいいのだというような生活態度をとる。それはそれでもやっていけるかもしれません。しかし責任を責任として自覚し、それを遂行するに対して努力をしていく過程においては、ある場合には身のやせるという思いをすることもあるでしょう。そして、そういう思いに直面してなおかつ動揺せずしてそれを突破するという非常な勇猛心があってこそ、よりよき成長があろうかと思うのです。

私どもの商売にしても、今日までくるにはただ夢のようにやってきたのではありません。ある場合には、あす支払いする金がない、これをどうやってつくったらいいのだろう、というような場面も再々ありました。十二月の大晦日に、どうしてもこの金を払わないといけないのに、時計を見れば十一時です。十一時からでももう一ぺん集金に行こう。普通なら十一時頃に集金に行けば非常に叱られる。しかし、きょうは大晦日だから、十一時すぎて集金に行っても叱られることはないだろう。よし行こう。そうして、その苦しいところを訴えてなけなしの金を支払ってもらった。こういうようなことも再三あったのです。そういうことを経て今日の姿がつくられたのです。

これはひとり私どもだけでなく、今日成功しつつあるといわれる会社は洋の東西を問わず、みなそういう困難に直面して、その困難をのり越える努力をしてきているわけです。ですから、みなさん個人としても、社会人として立っている以上は愉快に一杯飲む、盃をあげるという場面もたくさんあるでしょう。しかしある場面では、それぞれの会社がそういう苦労をして今日をつくったごとく、みなさん個人においても、そういう苦しい場面に立ってなお動揺せず、志を固くしてそれをつきぬけていく、努力を続けていく、というようなことが起こってくるだろうと思います。そういうことなくして、人間の本当の魂というものはつくられないものだと思います。

ごまかしがきかない世間

会社にしても、そういう困難に直面して、だんだんと鍛えてきたという会社は、どこか強いところがあります。しかし好景気にのみ直面して、そしていわゆる世間の力、人の力で膨張した会社は、不景気に直面すれば行きづまっていきます。たくさんその例はあります。いいかえると、実力のみがみずからを決定する。会社の実力のみが会社の安定と繁栄を決定するものだと思うのです。

これはみなさん個人においてもそうだと思います。いわば相撲と同じだと思うのです。力士が入幕し前頭、小結となり、あるいは大関、横綱になるというのは、結局その人の実力がこれを決定するのです。力士としての実力がなかったならば、いかに望んでも、他が後援しても、小結にもなれません。もちろん大関、横綱にもなれないのです。これはみなさんよくおわかりだと思います。

われわれの人生も、相撲ほど簡明、単純でなく、もっと複雑多岐にわたるものですが、結局はその人の総合実力というものが、その人の仕事を決定し、その人の地位を決定し、その人の待遇を決定するものだと思うのです。

ですから、ごまかしのきかないものだということです。世の中というものは決してごまかしがきかない。世間は神のごときものだと私は思っています。神のごときものとはどういうことかというと、その判定、評定は、会社に対しても個人に対しても、神のごとき判定を与えるものだということです。したがって、ある会社が今後隆々と発展していくかどうかは、その会社の総合した力がいい状態に進んでいくかどうかによって決定されるものだと思うのです。

いくらお互いが望んでも、総合して生まれる実力が貧弱なものならば、社会はこれにBとかC、Dという低い評定を下すでしょう。しかし実力がぐんぐん伸びていったならば、社会はこれに対してBからAになり、あるいはAの上という評定をしてくれるでしょう。それが総合の力のあらわれだと思うのです。私は、それほどごまかしのきかないものだと考えて、社会をみているのです。

困難に直面しても

心を励まして

ところで、みなさんが会社に入ってみると、会社は必ずしもすべてにおいて理想的だとはいえないと思います。あるいは理想的どころか普通の状態以下だという面もあるかもしれません。もしそういう面があったならば、みなさんは、むしろそこに興味をもって、これは改善の余地があるということだ、入社しがいがあった、改善を加えることができるところにおもしろ味がある、こう考えるようにすればよいと思うのです。何事をするにしろ、少々困難があっても、その困難にぶつかってやっていくところに生きがいを見出すべきではないかと考えるのです。

私が事業を進めてきた過去五十数年の間には、いろいろ問題がありました。本当に働くことに困難を感じて、もうさじを投げねばならないかというようなことも、再々感じたことがあります。そういうように感じたあげく、これではいけない、〝艱難《かんなん》なんじを玉にす〟ということばもあるのだから、困難にぶつかった会社は必ずよくなる、だから勇を鼓してやっていこうということで、また努力を続けてきたのです。

みなさんは、あるいは自分の気にそまない仕事を担当しているという場合もあるでしょう。しかし、その仕事に終始するわけでもないと思います。

ですから、みなさんはその仕事をひとつの体験として味わうのだ、そしてそれを何らかの形で後日役立てるのだ、というように考えることが大事ではないかと思うのです。あまり無難にすくすくと育った人は、どこかに弱さがあるものです。結構なようですが、鍛えられていません。ですから、いろいろむつかしい問題、いやだと思うような問題にも、心を励まして取り組んでいくところに、自己の完成というか、自己の鍛えがあると私は思います。

すべては修行の糧

私が事業を進めてきた過程には、いろいろ困難なこともあったわけです。たとえば、販売はしたけれど代金を払ってくれない、というようなこともありました。これは何でもないことのようですが、しかし会社としては、みんなが汗を流して働いてつくり上げた品物を売ってその代金をもらえないということは、多くの人の労作を無視されたことになるわけです。単に金額の損失というだけではありません。そういう価値を無視されたということになります。これは耐えがたい苦痛です。しかし、現実の姿にはそういうこともたくさんあったわけです。私はそういう苦しみを一つひとつ克服し、そうして、沈まんとする心を引き立てつつ歩んできたのです。

もし、そういう困難も何もなしにやってきたのであれば、会社が大きくなっても、どこか弱いものがあろうかと思うのですが、幸いに私どもの会社は困難の中に勇気をふるい起こして克服すべきものは克服し、次つぎと生じてくる好ましからざる情勢を是正してきたわけです。ですから、会社全体としてはどこか一本筋が入っているといってもいいような状態ではないかという感じがするのです。

みなさんは、今後もいろいろな問題に直面するでしょうが、そのつど、すべて善意に考える、すべてそれは修行の糧と考えるというようにしたならば、必ずそこから道がひらけていくと、このように思うのです。

志を失わなければ

かつてない危機に

今、日本は経済的にも社会的にもかつてない危機に直面していると思います。最近、一部の方がたは、これは大変だというようにお気づきになっていますが、多くの人びとは、まだまだ甘い考えでいるようです。そういう甘い考えをもっている一方で、実際にはしだいに悪化している。こういう姿をみていると、これは容易ならぬ問題だと思うのです。

ただ私は、個人的には、これは非常に困難な状態になってきた、しかしこういう困難な状態に直面して、はじめて日本人が日本人としての本性を取り戻すのだ、こう考えられるのではないかと思っています。甘い考えが相当浸透している間は、いかなることがあっても、なかなか改心をしないというか、立派な精神を取り戻すことはできないと思うのです。

今後どういう形でさらに問題があらわれてくるかわかりませんが、ともかくも大変なことになってくるでしょう。そのことによって、はじめて日本が自力によって日本を本当に再建するという状態に変わる大きな転機がもたらされるのだ。そう考えてみると、このような危機を迎えたということを悲しんでいるばかりでなく、悲しいことかもしれないが、やがてきたるべき時期は、自力によってはじめてわれわれが力強い仕事をする時期なのだと、こういうことがいえると思うのです。

こういうときには志を失わないことが大切なのです。どんなに困難になっても志を失わずして、そうして敢然と受けるべきものは受け、くじけずして進んでいくということが、やがて自力再建という姿をもたらすのではないかと思うのです。

受けて立つところに

というのは、この日本の戦後、非常に傷めつけられた各都市において、一番立派に再建したのはどこかというと、広島で、その次は長崎です。復興が遅れたのはどこかというと、無傷の都市が遅れたのです。やはり、お互いが志を失わなければ、困難は大きな発展の転機になるということは、この都市の発展を見てもわかります。広島のごときは十年間ペンペン草もはえないといわれていたわけです。原子爆弾の放射能によって十年間はペンペン草もはえないといわれていたのです。その広島が、日本で一番立派に復興しています。広島の方がたは、悲惨な目にあったけれども、しかし広島を元の広島に返したいという熱意と志を失わなかったので、一番立派に復興しているのです。

現在、日本は大変な危機で、いろいろな問題、弊害、損害が起こりつつあります。それはやはりじっと受けるべきだと思います。それを受けて立つところに、今度は本当にお互い国民の自覚と自力によるところの日本再建というものが、はじめて生まれてくるのではないかという感じがします。だからお互いにこの際、大いに元気を失わないようにやっていくことが大切ではないかと思うのです。

困難を打破する道

困難にするかしないか

困難に直面しても志を失ってはいけない、ということを申しましたが、ここでその困難ということ自体について考えてみたいと思います。われわれがきょう困難だと思っていることが、あすになればその道を発見するということは、これはみなさんの経験でもあるでしょう。きょうは考えつかなかったけれども、あすになったら考えつくというようなことも、たくさんあると思います。われわれの考えというものは無限だ、と私はみているのです。ある日時をかけていればそれは無限になっていきます。

われわれ人間の歴史をみても、おそらく三十年前には想像もできなかったと思われることでも、今日、現実の事実として次つぎとできていることがあります。これはいいかえると、人類の限りない発展の過程の一コマであるというようにも考えられるのです。ですから、決して困難なことはないというようにも考えられます。ただ困難にするかしないかということは、それを困難なこととして認識するか認識しないか、認識してそれを打破する道を見出すか見出さないかということだと思うのです。

これは口ではそうたやすく言うけれども、実際はむつかしいぞとみなさんはおっしゃるかもしれません。しかし、それはむつかしいぞ、そうはいかんぞと思われたなら、みずからこれを否定しているわけです。できないことを承認するのですから、これは当然むつかしくてできなくなります。できないけれども、それはできるだろう、それはできるにちがいない、というように、これを肯定されれば、私は無限にみなさんに新しい考えが湧いてくるだろうと思います。

ですから、私は今日お互いにとって大切なことは、まず、非常にむつかしい立場に立たされてきた、これは容易なことではないということをはっきり認識することだと思います。その認識と同時に、しかしそれは困難だけれども、打破することは決してむつかしいことではない、それは決意ひとつである、決意をかためるところからそれをのり越える限りない手だて、工夫が生まれてくるということを深く信じて、そしてその心持ちでもう一ぺん自分の仕事、自分の活動を検討することだと思うのです。そうすれば、なんだ、ここにもこういう方法があった、ここにもこういう道があったということが、随所に出てくるのではないかという気がするのです。

事があってこそ

大事に立てば立つほど

もうひとつ大事なことがあります。それは、困難期、混乱期に際して、個々の仕事を適切に処理することはいうまでもなく大事ですが、しかしそれよりも大事なのは、根本的な心の迷いを取り除いて、しっかりと心を確立していくということです。

志をかたく堅持して、そして事に立ち向かうことができるなら、その時どきに応じて最善だと考えられる具体的な方策は、適切に出てくるものだと思います。その志を確固としてもつことなしに混乱期に直面するなら、あれこれと心が迷うことになって、事が失敗に終わる場合が少なくないと思うのです。〝貧すれば鈍する〟ということばもありますが、ちょうどそういうことを言いあらわしていると思います。

大事に立てば立つほど、志というものを強固にもたなければいけません。いわゆる信念に生きるとでもいうか、そういうものをはっきりと心にもっていなくてはならないと思うのです。そうして事にあたれば、ある程度の処置を過たずしてできるものだと感じています。

現在の困難にあたっても、お互いにそういう点にはっきりとした信念をもつことが非常に大事なことではないかと思います。いかに経済が混迷に陥ったとしても、それにとらわれて右往左往するのではなく、やはりそのよってきたるところの原因はどこにあるかということを考え、そして、これはこうやっていくべきであるということを、それぞれの会社、団体の大きな方針のもとに、またみなさんの個々の体験に基づいて、その処する道をかためなくてはならないと思うのです。

会社でも個人でも、何か事あるたびにその力が発揮され、その力が認識されていくということが実際においてあるわけです。事がなければ、会社の本当の価値、個人の本当の値打ちがわからない。けれども事があると、そういうことがわかってくるということが、過去においても、しばしば人びとによって話されています。

だからこういうひとつの転換期に際しては、会社の本当の力がためされると私は思います。個人においても、私はそういえると思うのです。お互いが、こういう混乱期にどれだけの仕事ができるか、どれだけの働きができるかということ、自分で自分をためす機会であるということも、この際、一面に考えておく必要があるのではないかと思うのです。

不景気に伸びる

これと関連した話ですが、昭和三十二年の不況期に竹中工務店の催しがあって、私もその席によばれ、その当時相談役の竹中藤右衛門さんにお会いしたのです。そのとき私はふと、「竹中さん、非常に不景気になってきたから、ますますあなたのほうはお忙しいですね」と、こういう話をしたのです。すると竹中さんは、そのときすでに八十歳近い方でありましたが、私の手をぎゅっと握って、「松下さん、それをおわかりくださいますか」というような話をされたわけです。

そこで私も「あなたのお会社の常日頃の仕事ぶりをみていると、こういう不景気に直面すれば、あなたのほうが非常に仕事が増大し、仕事が伸びていくと私は思うので、そう申しあげたのです」と言ったのです。竹中さんもそう考えておられたとみえて、私の手をとって非常に感激されたのです。

竹中さんの心境では、日頃一生懸命に社員を陶冶《とうや》し、またお客、需要家を大事にして、努力を重ねてきたことの本当の価値があらわれるのはこのときだ、というように内心で考えておられたのではないかと思うのです。それが、たまたま私がそういうことを言ったので、〝わが意を得た〟とでもいうか、非常に感激されたのでしょう。果たせるかな、その当時から、竹中さんの仕事はさらに躍進したように思うのです。

事業に携わる者として、よく考えておかねばならないことは、好況時には少々の不勉強であっても、サービスが不十分であっても、まあどこでも注文してくれるわけです。だから経営の良否ということはそう吟味されなくてすむのです。

ところが不景気になってくると、買うほうは、十分に吟味して買う余裕ができてきます。そこで、商品が吟味され、経営が吟味され、経営者が吟味されて、そして事が決せられることになるわけです。ですから、非常にいい経営のもとに、いい人が育っている会社や店は、好景気にはもちろん結構ですが、不景気にさらに伸びるというわけです。そういう会社、商店は好景気によし、不景気にさらに伸びる、ということにもなるわけです。

弘法大師の一念

人間共通の尊い生き方

いささかきびしい話が続いたところで、ちょっと弘法大師さんのことをお話ししましょう。先般私は、弘法大師さんのひらかれたお山、高野山にのぼって一泊したのです。そのときに、つくづく感じたことがあります。

高野山はへんぴなところです。もちろん今では自動車道路も、電車もケーブルもできていますから、いわばある程度便利といえば便利です。が、弘法大師さんが高野山をひらかれた千百数十年前は、どれほど不便なところであったかわかりません。どうしてああいうへんぴなところに広大な道場をおつくりになったのか、そのお心持ちはよくはわかりませんが、しかし、よくもやられたと思います。よほどの信念というか、大きな決意をおもちになっていたと思うのです。

そして、そこをおひらきになって一時は千ものお寺があったとも伝えられています。今はそんなにありませんが、一時盛んなときはそれだけあったというのです。あの不便な時代に、あれだけへんぴなところを開拓し、そこに道場を建てるという弘法大師さんのご執心《しゅうしん》というか、信念というものは、想像もできないほど強いものがあったと思うのです。しかし、これは一面、そういうことができるという立派な証拠を残しておられるのだと思います。

われわれは、とうてい弘法大師さんのまねごともできません。けれども、その信念の何十分の一、何百分の一、何万分の一でももてば、そこにあるひとつの境地をひらくことができるのではないか、ということを感じました。

私は高野山へまいって、非常に教えられたのはそのことです。弘法大師さんの境地にふれることはいまだできませんけれども、あのお山の姿ひとつを見ても、たいへん私は教えられたと思うのです。やはり人の心、一念、信念というものは偉大なことをなしとげる。こういうことを痛切に感じて、私も自分の分に応じた一念、信念をもたなければいけないと感じたのです。

私はそれで非常に勇気が出て、自分なりにひとつの仕事に取り組もうと考えているのです。むろん人間には生まれつきひとつの運命とでもいうか、そういう分というものがある程度与えられていますから、全部が全部、志のとおりにはできないと思います。けれども、その分の範囲では達成できると思うのです。それにはやはり分に応じた一念をもたないといけません。

「これだけはやってみたい。これだけは正しく、過ちないようにしてみたい」というような、何か分に応じた一念をもつことが必要なのです。弘法大師さんは、そのことを大きく啓示しておられるように思うのです。

みなさんも、何か自分の分に応じた一念をもって、「社会のために何かしたい。世のために何かしたい」というような望みをもたれることが、非常に大事なことではないかと思います。そして、それは人間共通の尊い生き方ではないかという感じがするのです。

第二章　覚悟をかためて

大きな力によって

自分の意志ではあるが

みなさんが今みなさんの勤めている会社に志願し、社員となったということは、みなさんが志願して考査にも通ったというだけではないと思います。そう志願するという発意はみなさん自身でやったのですけれども、しかしその背後には、みなさんを動かすものがあったのです。いいかえますと、それがひとつの運命であった、というような見方もできると思うのです。

私が事業を始めたのも、将来、電気器具というものは社会に必要なものとして発展していくだろうということで、自分で電気器具の製造を思い立ったわけです。しかし、今五十数年の歴史を顧みてみると、私自身の意志によってそうしたとばかりは考えられない、という感じがするのです。私が電気器具を製造しようと決意したことは、自分の意志によってですが、しかしそれだけではないという感じがするのです。やはり、そういう仕事をしなくてはならないという運命的なものが私自身にあった、と考えることが正しい考え方だろうと私は考えています。そしてそのように、自分の意志でやるということでなく、もっと大きな力によって自分は動いていると考えるところに、ひとつの大きな力というか、決意というか、あるいは諦観《ていかん》とでもいうか、そういうものが生まれ、それが始終私を動かしているのではないかという感じがするのです。

単なる小さい自己の意志をもって事を決し、事をはかって、是非を決定するということは、一応そういう形でやってはいますが、それだけであると考えるところに、心狭いものが生まれてきます。もっと大きな力によってわれわれは動いているのだというような見方ができるかできないか、人によっていろいろでしょうが、私はそういう見方で考えています。

大きな安心感をもって

この仕事はいいとか悪いとかいうことも、現実の問題としては大事な問題です。しかし、それを越えた大きな使命というか、運命というか、そういうものがあるのだ、ではそれに誠実に従っていこう、素直に従っていこう、それ以外に道はない。そう考えていくところに、ひとつの安心感というものが生まれてくるのではないかという感じがするのです。

自己の小さい裁量によっていちいち是非を決定し、いいとか悪いとかいうことも、それはあるでしょう。またそういうことも大事でしょう。しかしそれだけでは人間はときに動揺します。心が動揺します。身を捨てるというと少し言い過ぎかもしれませんが、身を捨てるという度胸もそういう大きな使命、運命に素直に従っていこうとするところから湧いてくるのではないかという感じがします。

生きがいを感じて働くということと、生きがいを感じないということでは、大変な差が出てきます。その仕事に非常に興味がある、意義を感じる、ということによって生きがいを感じるということはいうまでもありません。しかしそれでも、ときには迷う、心が動揺するということもあろうかと思うのです。

日によって、人間というものは見方、考え方が変わってきます。しかし、それだけで左右されて自分の一生を動かしていくということでは、私は安定感がないと思うのです。それも大事ですが、それと同じように、あるいはそれ以上に、ひとつの諦観をもつ、あきらめをもつ。そうしてその道において、その中において、最善を尽くしていくというところに、大丈夫というか、大きな安心感をもって仕事ができるのではないかという感じがするのです。

迷いつつ進むけれども

人生というものは

実際問題として、みなさんが社員として活動していく上においては、いろいろ問題があろうと思います。うれしいこと、悲しいこと、愉快なこと、さまざまなことがあると思うのです。それが私は人生であるし、またそういうものがなければ、人生というものは非常に無味乾燥というか、おもしろ味がないと思います。やはり、憤慨することも悲しむこともあり、また不満が起こることも非常に愉快になることもある。ぐんぐんと仕事が伸びて夢中で仕事をし、生きがいを感じることもある。いろいろと味わうことがあると思います。そういうことの連続というか、それが人生ではないかという感じがするのです。

みなさんの立場においても、そういうことがどんどん出てくると思います。そういうことがあっていいと思いますし、またなければならない、あるのが本当だと思います。そして、おもしろくないという場合に、この会社をやめて他へ行けばもっとおもしろくなるかもしれないと考えることもあるでしょう。しかし、結論としては、やはり今の会社にいてやっていこうというのが望ましいのではないでしょうか。

それを決めるのは、みなさんの意志だけではいけないと思うのです。その会社に入ったということは、そもそも自分の意志だけではなく、自分の意志と会社の意志、また周囲の人も賛成してくれたから入ったのです。ひとつのきずなというか、力が働いてそうなったのです。われわれが日本人に生まれた以上は、日本人からもう切り離すことはできません。外国人にはなれないのです。たとえ国籍を変えても皮膚の色は変わりません。だから結局は日本人として終始しなければ仕方がないのです。そういうひとつのあきらめ、度胸というものをもつことが非常に大事なことではないかと思います。

そうでないと、たえず不安、動揺し、迷っていないといけません。ところが、そういうように考えておくと、迷いがなくなるのです。個々については心の動揺があっても、基本的な動揺はない。だから、結局は仕事が手について上達していくことになる、という感じがするのです。「迷わず進め」とよく人が言いますが、本当に迷わずに進むという順調な道を歩む人は数少ないと思います。やはりみな迷いつつ進んでいく。迷いつつ進んでいくけれども、結論は道をはずさずして進んでいく。そしてゴールインする、ということになるのではないかと思うのです。それが私は人生というものではないかという感じがします。

気に入らない人もいるが

ですから、みなさんは、そういう意味における達観をし、悟りをもつことが大切だと思います。そうでないと、会社にはたくさんの人がいますから、ウマの合う人もいれば、ウマの合わない人もいます。上司と仰ぐ人も必ずしも全部がいい人ではありません。いい面もあるが悪い面もある。その悪い面をみたなら、不愉快で仕方がない、ああいう上司の下にいて働くのはいさぎよしとしない、ということも起こってくるだろうと思います。しかし、どこの職場へ行っても、やはり上司に気に入らない面もあれば、また気に入る面もたくさんある。それがこの世間一般のお互いの間柄ではないかと思うのです。

友だちでも私はそうだと思います。ことごとく気に入らない友だちはないでしょうが、やはり見方によれば、友だちでも友だちとして好ましい点がたくさん発見できる、また好ましくない点も発見できる。けれどもそれによって去就に迷うことがあってはなりません。みなそういうことを包含して、そして自分の立場がよく相手に通じるようにして、友だちとしてのきずなを結びつづけていく、そういうことが好ましいと思うのです。

会社においても、上司はもちろんですが、同僚でも非常に愉快な人ばかりいるわけではありません。そうでない人もいます。けれども、そういう場合に、自分が不愉快になることはマイナスだと思うのです。自分にもマイナスになるし、また他の同僚にもマイナスになると思います。みなさんはそういうことのないようにしていかなければなりませんが、その考えの一番基礎になるものは、ひとつの運命論というか、もうこうなれば仕方がないと心を決めて、そして言うべきことは言い、自由にふるまっていく、そういうことだと思うのです。そういう基盤というものに立たずしてやると、これは大きく動揺してくると思います。これが非常に大事なところだと思うのです。

会社意識をもつ

国家意識と個人意識

ところで、最近よく感じることなのですが、お互い日本人は、もっと日本人意識、国家意識というものをもってもいいのではないでしょうか。昨今ではとかく国家意識をもつことをよくないこととする傾向も一部にあるようですが、私は国家意識をもつことは悪いこととは限らないと思います。というのは、国家そのものが非常に健全で、世界の国家としてどこにも恥じないものになればよいのであって、国家そのものは決して悪くないのです。その国がよくないことを考えれば、その国は世界にとって困りものとなりますが、いい国であれば、いい個人と同様で好ましいのです。

個々の国民でも、非常に模範的な人もあれば、罪過を犯して牢へ入れなければならないような人もあるわけです。個人そのものは決して悪くない。個人のものの考え方、行動がいいか悪いかということによって、その人がいいとか悪いとか、その人が社会に容《い》れられるとか容れられないとかいうことになるのです。

国家の場合でも、立派な国家であれば国家意識をもつことは何らさしつかえありません。そういう国家が世界の模範になり、多くの友邦をもって、世界の発展に寄与することになります。個人でも自分のことばかり考えて他人のことを考えず、他人の財産なり事業を自分の都合によって束縛するということはいけませんが、それは国家でもいけないのです。

正しい国家意識をもつということは何も悪くないどころか、一面に必要なことだと思うのです。ところが、国家意識をもてば過ちが起こると考えたり、国家意識によって国をかためていくのは時代錯誤であるかのように考える人もいます。これは非常に誤った考えではないかと思います。

もしそういうことがいけないとなれば、個人意識をもつこともいけないことになるのではないでしょうか。個人意識をもつことは決していけないことではありません。個々人が立派になることは望ましいことであり、各自が立派な個人たることを心がけるのは、これは個人としての義務だと思うのです。

そういうような意味からいって、それぞれの会社は、その会社としての伝統なり、会社意識をもって、そして社会に歓迎されるような立派な会社をつくり上げようということに、全員が協力すべきではないかと思います。そういう考えが薄い会社は発展しにくいでしょう。そういう考えの強い会社は、みんなが協力して団結も強く、そして会社の使命とか目的というものを力強く遂行していけば、そこに発展があると思います。

会社意識を盛り上げて

戦後の日本においては、日本が戦争に負けたためでしょうか、国家意識とか会社意識をもつのがいかにも時代錯誤であるかのごとく考えられがちですが、決してそういうものではありません。今（一九七五年）、一番国家意識が強いのは、ソ連をはじめ社会主義国、あるいは発展途上国ではないでしょうか。どこの国でも欠陥はあるでしょうが、たとえばソ連にしても欠陥はなくはないと思います。しかしソ連をみていると、自国の欠陥を明らかにするよりも、長所のみを主張するといった傾向がやや強いようです。それはとりもなおさず、ソ連が国家意識を強くもっているということでしょう。

こうした点は、社会主義国といわず、自由主義国といわず、どこの国でも同じではないでしょうか。ところが日本だけは、国家意識をもつことは時代錯誤であるかのように考え、さらに会社で会社意識をもつことも少なくなってきたような感じもするのです。戦争に負けたり、会社がつぶれかけたりすると、かえって国家意識、会社意識が盛り上がるのが普通でしょう。ところが最近の日本は反対の姿になっているわけです。

私は、みなさんは、みなさんの会社の伝統、社員意識というものを盛り上げることが大切だと思います。そうしないと、それぞれの会社の発展は力弱いものになるでしょう。もちろん、会社を発展させることがみなさんにとって不幸だというのであれば、それはやめたらいいと思います。しかし、みなさんの会社が発展していくことが、みなさんにとってプラスになる、社会にも貢献できるというのであれば、これはやはりみなさんは会社意識を強くもって、その意識のもとに物事を勘案することが大切だと思うのです。

その会社のすることが、社員のためにも社会のためにもならないなら、会社意識をもつことはいけないかもしれません。けれども、会社が発展することが社会の発展にも寄与し、また働くお互いがそれによって恵まれるというのであれば、会社意識をもっと強くもって、みんなが会社の目的遂行に協力するようにしなければならないと思うのです。

武士道と産業人

産業人としての第一歩

会社の社員が会社意識をもつことが大切だということをお話ししましたが、それに関連して、新しい産業人の人間像として好ましい姿はどういうものかを考えてみたいと思います。考え方はいろいろあるでしょうが、私はそれは結局、産業の大切なことを知るところから始まるべきだと思うのです。産業が今日われわれの人間生活、社会生活の上にいかに大きな役割を果たしているかということは、これはもうみなさんご承知のとおりですが、そのことがいかに大切なことかを知ることをもって、第一義としなくてはならないと思います。望ましい人間像は、そういうことをいかに深く認識するかというところから、その第一歩を考えていいのではないかという感じがします。産業人のあり方いかんによっては、国が繁栄し、国が衰亡するということも考えられると思うのです。

政治は政治として、まことに大切です。政治のいかんによって国が発展し、国が衰亡するということは、過去の歴史の教えるところです。ですから、政治は非常に大切なものであるということを、われわれ国民は知らねばなりません。ところが今日の日本においては、政治は非常に軽視され、したがって政治家も非常に低くみられているような感じがします。そういうことで、果たして日本によき政治が生まれるかというと、私は生まれないのではないかと思うのです。

政治は何といっても国を興すか、国を衰退させるかという、大きなカナメの役に立っています。したがって、国民である以上は、政治を非常に高く評価して、国民の一員としての政治的責任を果たさなければならないと思うのです。ですから、それにふさわしい政治家を選び、その政治家に対して敬意を表することは、国の発展のために非常に大切なことだと思うのです。しかし、現状は必ずしもそういう状態に進んできているとは思いません。非常に政治そのものを軽視する傾向があります。したがって政治家をあまり高く評価しないという傾向があります。そういう状態で、われわれが真の国家的繁栄を求めることはむつかしいと思います。

私は国家を形成する国民である以上は、政治に重点をおいて、そしてもっとよりよき政治がわが国に生まれるように、お互いが共同の責任において努力しなければならないと思うのです。

武士道精神と産業人精神

それと同じように、経済の興隆というものは、それについで大切なことだと思うのです。したがって、経済人は経済を重視し、経済人みずからを重視するということをもって任じなければならないし、また国民お互いもそういう解釈をもたなければならないと思うのです。そこから、経済人の尊い役割もわかってきて、そしてそれが経済発展の基礎をなすと思うのです。

ですから、もし経済活動というものを非常に軽視し、それを非常に低調なものにするなら、経済の発展もないでしょうし、また国民生活も向上せず、貧困になっていくのは当然だと思うのです。ですから私は、経済活動は個人の上にも、社会の上にも、また大きくは国家の上にもいかに大事なものであるかという基礎認識の上に立って、経済活動をみ、経済人をみていかなくてはならないと思うのです。将来、立派な経済人、産業人を養成していくというのであれば、まず、そういう根底をしっかりと認識する必要があると思います。

昔の武士は、武士たるをもって尊しとしていました。したがって強いだけが武士ではなく、武士は人間として最高でなくてはならない。学問もやらなくてはならないし、人情も豊かでなければならない。また、義をみては大いに勇をふるって行なうということでなくてはならない。しかも戦って強くなければならない、ということでしょう。そういうものをかね備えているところに武士道精神というものがあったと思いますし、そこにまた武士道精神の尊ばれるゆえんがあったと思うのです。

武士が武力に強いからといって、人をしいたげ、人を困らすようなことでは、それは武士道でも何でもないわけです。われわれの祖先というか、昔の人びとは、町人といえども、ある意味において、そういう武士道精神を理解し、それに敬意を表していたと思います。それで、ときどき武士がよくないことをすると、武士の風上にもおけない奴だといって非難されたわけでしょう。やはりそういう立派なものをもたなければ、武士といえなかったわけです。私は昔の武士道精神というものはそういうものだったのではないかと思います。

そこでその武士道精神にかわる、今日の産業人精神というものはどういうものかというと、内容は多少違いましょうが、やはりそれと同じようなものをもたずしては産業人とはいえないと思うのです。ただ自分の立場のみを考えて働くというようなことでは、私はやはり産業人とはいえないのではないかと思います。産業の使命というものをはっきりと認識し、その尊さを認識し、そしてその産業の興隆によって社会が潤い、人びとの幸福も約束されていく、社会生活も国家も発展していく、さらに進んでは世界の繁栄、平和にも結びついていくのだ、自分はその一員である、というような意識をもたずしては、私は真の産業人は養成されないという感じがするのです。今日お互いがそういう点にどの程度はっきりとしたものをもっているかというと、もちろんそういうことに理解をもって、自分の仕事に尊さを感じて、そこに誇りをもっている人もたくさんおられるでしょう。しかし、全部が全部そうではないと思います。

産業の意義というようなことは考えずに、生活のために仕方なしに産業人として働いているのだというような意識をもっている人も、私は少なくないのではないかと思うのです。そういうことでは、よき産業をつくり出すことはできないし、よき産業人たることもできないと思うのです。

どんなに世の中が乱れても

たえず心配がつきまとう

私は、この世の中に、絶対に安心だという境地というものは、まずあり得ないだろうと思います。人はみな、全部が全部、ある種の脅威、心配というものに直面しつつ、日々の生活をしているものだと思います。私どもの会社にしても、「あの会社は大丈夫だ。相当成績もあげ、ある程度勉強もしているから、あの会社はつぶれないだろう」というふうにみてくださる方も相当あるのではないかと思われます。

しかし、私どもは決してそんな考えをもっていません。私どもは、日々これ戦いであり競争であるという考えに立ち、一歩誤れば、あすのわが社はなくなるだろうというような、ある種の脅威にさらされて仕事をしているのです。これがいつわらぬ姿です。だから心配はたえずつきまとっています。したがって勉強もしなくてはならないし、安閑としてはいられないと考えて、努力しつづけています。それでかろうじて今日を保っているわけです。これが私はすべての人の姿ではないかという感じがするのです。

みなさんもみなさんなりに、やはりそういう心配というか、脅威を身にひしひしと感じておられるだろうと思います。もし感じていないという人があれば、それはとくに偉い人であるか、あるいはまた一面に無神経であるか、どちらかだと思うのです。普通であれば、みな心配をもっている。しかし心配をしつつも、なお自分を励ましてその心配事に立ち向かわしめるという努力を払って、そしてようやく今日を保っておられるのがみなさんの姿でなくてはならないと思います。これはどういう立場に立っている人であっても、みな同じだと思います。絶対安心の境地に立って仕事をするということは、本当はあり得ないのです。

どこにでも生きる境地が

これは国においてもそうだと思います。国においても、たえず何らかの脅威を感じつつ、国家経営をしています。それでも国家の姿はぐんぐん変わっているのです。英国は今日、非常に衰退しているといわれています。

あの大英帝国とうたわれた英国が、非常な窮境《きゅうきょう》に陥っているわけです。最近の米国も、これまではどこの国をも援助するといっていたのが、今日ではなかなかそういうわけにいかなくなってきました。あるものについては日本にも逆に協力を求めている面もあるわけです。国家と国家との間にも、それほど変化、消長があるわけです。

ましてわれわれ個人、あるひとつの会社というものは、やはりそれよりもっと激しい変化があるのが普通だと思うのです。しかしそれが普通だけれども、その変化にあたっては努力して逆に道を切りひらいていくことが大切だと思います。努力せずして、心配も何もなくして、そしてうまくいくということは、ないのが本当だと思うのです。だから今日、いろいろ変化があって心配するということ、あるいは仕事が思うように伸びずに悩むということ、将来はどうなるだろうかと心配すること、これは私はなくてはならない、あっていいことだと思うのです。

しかし、そうはいうものの、どこにでも生きる境地というものがあると思います。どんなに世の中が乱れても、立派に生きていくという境地をみずからもつことができるものだと思うのです。まして今の日本は、戦争によってすっかり世の中が変わったというような状況ではありません。だから、さらに発展する道はたくさんあるだろうと思います。要はそういう点に強い信念をもって、そしてさらに勉強し懸命に働いていくことが大切だと思うのです。

大いに心配しよう

常に不安を打破して

そのように心配というものはあってよいと思うのですが、世の中には同じものをみても、悩みも何ももたずにのんびりしている人もあれば、非常に神経質になって悩み、疲れてしまう人もあります。

私は、どちらかというと、常に不安に直面しています。決して安閑としているときはないといってもいいのです。常に不安です。しかし私は、常にその不安に戦いを挑み、それを打破していく戦いを続けているのです。

これはおそらく人間である以上みなそうではないかと思います。もしそういう不安も何もなかったなら、それを打破しようという意欲も起こらないでしょう。それはそれでひとつの幸せな姿だといえばいえないこともないでしょうが、しかしそういう姿からはあまりものは生まれないと思います。

みなさんもじっと考えてみれば、生活の上にも仕事の上にも、何かそこに不安があるでしょう。考えれば考えるほど不安があるはずだと思います。商売に携わっている人であれば、なかなか思うようにものが売れないといった不安があると思います。とにかく考えてみれば、何ひとつとして全く安心だというものはありません。しかし見方を変えてみれば、その不安に向かって、それをどう打破していこうかというところに生きがいを感じることもできるのです。そのように、常に不安を感じ、それを打破していくという状態をくり返していけば、そこに非常な進歩も向上も生まれてくると思うのです。

商売でも、相当神経を使ってやっている人、熱心な人ほど、ある種の不安というものをもっています。それが人間の姿です。そういうところにこそ人間の生きがいがあるのです。だから大いに心配しましょう。それとともにその心配を打破して、向上を生み出していきましょう。

少しものを真剣に考えてみれば、安穏な状態というものは続いていないわけです。社会情勢も刻々と変化しています。お互いの仕事も刻々と変化しています。その刻々と変化しているということは、それに自分が対処しなければならないということを要求されているわけです。それにどうこたえていくかという問題が刻々と起こっているわけです。そういうことを考えてみると、一面に非常に不安ですが、同時にまた心がおどるということでもあります。そこからやはりいろいろな新しい考えも生まれてくるのです。

たえず危険にさらされて

私はそれが人間の姿ではないかと思うのです。お互いの仕事も刻々と変化し、社会情勢も刻々と変化しています。その変化にどう対処していくかということに毎日直面しているのが人間なのです。

たとえば、一例をあげてみると、われわれは日々刻々、死に直面しているともいえるのです。自動車の走っているところに行けば、いつ運転を誤って衝突されないとも限りません。その結果いつ何どき生命を奪われるかわからないのです。われわれは日々死に対決する生活をしている、という見方もできるわけです。

静かに考えてみれば、本当に安穏な生活というものは一刻もあり得ないともいえましょう。何らかの形において常に危険にさらされているわけです。その危険にさらされていることに対して、われわれの覚悟ができているかどうかといえば、もちろん覚悟ができてそれに対して泰然と立ち向かっている人もありましょうし、またそういうことに無頓着で泰然としている人もいるでしょう。それはいろいろあると思います。

どちらがいいかということは軽々には判断できません。けれども、日々の危険を認識して、しかもそれと取り組んで、それを打開していくような仕事に対する態度、生活に対する態度をもっている人は、ものを生み出す人だと思うのです。人間は何の不安もない生活状態にいると、三年もすると去勢されてしまうと思います。結構なようですけれども、そういう人には本当の実力というものはつかないでしょう。たえずある種の危険を感じつつ、それに対して立ち向かって姿勢を正していくところに本当の実力がついてくると思うのです。

第三章　実力を伸ばす

名人になれないまでも

私心をなくして

お互いの仕事なり事業というものを、よりよき道に進めたいということは、だれしも望むところでしょう。その場合、よりよき道とはどういう道かをはっきり自覚し、悟ることが肝要だと思います。ところが、それを悟ることが、なかなかむつかしい問題です。人によってその悟る道の求め方はいろいろあるでしょう。私の場合、それを求める道の一番大きな基礎になるものは、己をむなしくするというか、私心をなくすというか、ひたすら事物を素直にみることから始まると思うのです。

ここに二つの物があるとして、その物が金と銀であれば、これは見れば一応わかります。しかし、その金と銀とに土がかぶさっていたなら、どちらが金か銀かわかりません。問題はそこにあるのです。土はかぶっているけれども、この土を取り除けば金が出てくる、銀が出てくる、ということがわかるでしょうか、どうでしょうか。むつかしいことですが、それがわかるところまで心を高めなければいけないと思うのです。一を聞いて十を知るということは、そういうことを意味していると思うのです。

ダイヤモンドの原石は、見たところは汚く、普通の石と変わらないそうです。だからといって捨ててしまえば、これは宝を捨てることになります。しかしその石でも、これはダイヤモンドの石だということが、玄人だったらわかると思うのです。

そういうように、その本当の道を求めるには、やはり己をむなしくするというか、私心を去るというか、そういう心をもって物事を判断するところまでいかなければならないと思います。欲心、私心をもって会社の経営をみ、自分の仕事をみているというのでは、銀だと思ってつかんでみたら銅であった、というような失敗がたくさん出てくると思うのです。

上手と凡人の違い

世に百発百中ということばがあります。名人であれば百発百中です。しかし素人であれば百発百中とはいきません。数撃てば当たるから一発や二発は当たるかもしれません。経営にしても、あるひとつの仕事にしても、名人になるのはなかなかむつかしいと思います。しかし上手にはなれると思うのです。上手の域までも進まないというのでは、経営を担当しても、またあるひとつの仕事を担当しても、うまくできないでしょう。そういう上手な経営をするには、経営者の立場にある人が、まず己を去って仕事に没入することです。そういうところから、何をなすべきかが自然にわかってくると思います。一日に一回、あるいは二日に一回、じっと考え、自問自答してみる、そういう心がけがなくてはならないと思うのです。

しかし、人間というものは、なかなかそうはならないもので、普通の場合、地位が高くなると、さらに地位が高くなることばかり考えます。地位が高くなるに伴って責任もより重くなるのだと考える人は、比較的少ない場合が多いのです。

自己観照の大切さ

私心を去ってものをみることが大切だといいましたが、私はこれに対して自己観照ということばを使っています。自分ではなかなか自分がわかりません。富士山は、田子《たご》の浦から見ると非常に秀麗な山です。見るからに崇敬の念に打たれます。「なるほど富士の山は神の山だ」と言っていいような感に打たれるのです。しかしそばへ行ってみると、決してあの秀麗さはありません。ごろごろとした石や、穴のあいた石や、まことに醜い姿です。遠くから見たときに全体の姿がわかるのです。そう考えてみると、自分で自分というものはなかなかわからないものだと思うのです。

それでは、自分で自分を観照する、観察するという場合、どうすればよいのかというと、いったん自分の心を遠くに離し、そして自分を見るのです。そうすると自分はこういう形をしているな、こういうことを言っているな、これはいけないな、ということがわかるのです。しかし、なかなか自分の心を外へ離して自己観照するということは、むつかしいことだと思います。だれでもすぐにできるとは思いません。そこで、自分で自己観照することができない場合には、他人をして観照せしめなくてはならないと思います。問題はここです。

きょうは自分はどんな格好をしているか、自分にはどんな長所とか短所があるかということは、自分の友人なり先輩なりに観照してもらったならば、よくわかると思います。みなさんの周囲にはたくさんの人がいます。部下にそれを求めてもよいし、先輩なり上司に求めてもよい。求める心さえあれば、いくらでも求めることができると思います。それは自己観照と結果において一緒になると思うのです。

他人は、自分よりもよく見ています。しかし、それを聞こうという精神がなかったらだめです。自己観照しようという精神、他人をして自分を観照せしめよう、そして自分の欠点と長所とをちゃんと指摘してもらおう、それによって自分は誤りなくやっていこう、自己の責任を果たしていこう、そういう志があったらできると思うのです。そしてそういう志をもって自己観照をしていけば、何をなすべきか、これはしてはいけない、これをすべきである、ということがだんだんわかってくると思います。そうすれば、名人にはなれなくとも上手にはなれます。上手になればだいたい八十点以上、それで事は成功だと思うのです。

自己認識の大切さ

失敗の原因をたずねてみると

これは自己観照とちょっと似ているかもしれませんが、私はみなさんがみなさん自身の力を過たず認識することが大切だと思います。みなさんが、自分の総合の力は今どの程度であるか、それはどう培養されているのか、ということを認識することが非常に大切だと思うのです。これは、自己認識とでもいうのでしょうか。そういうことをみなさんが考えつつ仕事をしていけば、個々に多少の失敗はあっても、大きな失敗は絶対ないと思います。

ところが、この自己認識というのは、相当むつかしいことだと思うのです。しかしみなさん個人が自己認識する以上にむつかしいのは、会社全体の力の判定ということです。自分が自分を判定するのもむつかしいが、自分の会社の総合した力を認識するのはそれ以上にむつかしいのです。しかしそのむつかしい認識をある程度しなければ、本当に誤りのない仕事はできないと思うのです。

会社の経営者は、いろいろと計画を立てることも必要です。けれどもその計画を立てる根底は、そういう自己の力の認識でなくてはならないと思います。その力に見誤りがあったならば、大きな失敗があるだろうと思うのです。私の会社でも、過去に幾多の失敗を重ねました。その失敗の原因をたずねてみると、やはり全部会社の力の認定を誤っているわけです。社長はもちろん、重役、部長でも、その人が担当している仕事を進めるにあたって失敗がある場合は、必ず自己認識を誤っています。それは小にしては自分自身を見誤っている。またその部門ならその部門の総合の力の認識を誤っている。そういう誤りの上に仕事の計画を立て、遂行している。こういう場合には必ず失敗するという幾多の実例があるのです。

三べん成功すれば

そういうことを考えてみると、なかなかこれはむつかしいものだと思います。人間というものは、必ずうぬぼれがあります。「三べんうまくやるともう危険だ」と言った人があります。「ある人が同じことを三べん成功すれば必ず次は失敗する。だからその人がたいして失敗せずしてやっていくという場合には、三べんのうちに必ず一ぺんは失敗の形にならないといけない。そうすると次にまた三べんのうち二へん成功する。さらにまた二へん成功する。こういうように成功の連続になる。しかし三べんが三べんとも成功すれば必ず次は失敗する」というのです。

これは人間の弱さとでもいうか、うぬぼれとでもいうか、安易感というか、成功が続くとどうしても、「なんだ、世間というものはわけないではないか」とか「自分の力はたいしたものだ」ということになりがちです。これは私の五十数年の経営の体験からいってもそういえますし、またその間における会社のそれぞれの担当の人びとの失敗を一つひとつ取り上げてみても、全部そういうことに胚胎《はいたい》していることがわかるのです。

そう考えてみると、今後みなさんがよりよき仕事をしていく上には、みなさんが自分自身を認識すると同時に、みなさんの会社なり職場の総合力をたえず判定しつつ物事を決し、遂行していくことが大切ではないかとつくづく私は感じるのです。それさえやっていれば決して心配はないと思うのです。

訓練を怠らない

横綱が強いのは

決して心配はないといいましたが、今日の会社の経営というものは、寸刻も油断できない状態におかれているように思います。

ひとつの品物が、きょう人気を博してよく売れるからといって、あすもそのとおりにいくかというと、そうはいきません。あすはどういうものがどこから生まれてくるかわからないのです。すぐにそれが全国に宣伝されて、それによって需要が変わるということがあり得ます。これは昔と今日とでは大変な違いだろうと思います。そのことをお互いに覚悟する必要があるわけです。

会社経営の責任者の地位にある人は、たえずそういうことを考えて、そして自分の仕事を吟味し、その遂行ぶりの遅速ということを勘案しなければならないと思います。

そこで、会社の総合した実力というものが伸びなければならないわけですが、総合実力を上げるにはやはり個々の実力を上げなければなりません。個々の実力を上げるには、それなりの訓練が必要です。横綱が強いというのは、これはひとつは素質にもよりますが、横綱といえども稽古を怠ったら、もうすぐに弱くなるということです。ですから、土俵で一分間なら一分間の勝負を決するその相撲のために、稽古場では二時間も三時間も毎日ほとんど完膚《かんぷ》なきまでに猛練習して、そして体を鍛えていくわけです。その奮励の姿、努力の姿というものは、土俵の何百倍かの努力を要するわけです。それを毎日たゆまずやってはじめて、一分間の土俵で勝負を決する際に効果があらわれるのです。

そういうことを考えても、会社で設計なら設計をするについても、その設計が十日もかかったのではもう遅れるのです。だから、こういうものをつくるという着想をしたなら、それは瞬時にして設計され、すぐにひとつの見本品となってあらわれるという訓練が、たえず行なわれるようでなければならないと思うのです。

アメリカのスピードは

この前の戦争のときにも、戦闘機に故障、欠陥があるとなると、それをすぐ取りかえるということに対して、アメリカは一週間で新しい設計ができたといいます。それに比べて日本は三カ月も四カ月もかかって、ようやくその設計が一応考えられるというような実情だったのです。

なぜアメリカは一週間でき上がるかというと、常にそういうことをやっているわけです。たとえば、アイロンをつくる会社があるとすれば、二つなら三つの条件のもとに新しいアイロンをつくるから設計してくれといって、三つの班に分かれた設計陣でコンクールを行なうわけです。それを三日間でやるのです。そうすると三日間でそれぞれの班が設計を完成します。それを集めてどの班が一番適切にできているか検討する。そういうことをくり返しくり返し訓練するところから、いざという場合に三日あれば立派に設計ができるようにもなるわけです。

そのようにして、早くいい物ができるという訓練を常にしておけば、いざ競争という場合に、瞬間にいい物ができるでしょうし、またひとつの注文を受けても、他が一週間かかるところを、こちらは三日でできるということにもなるでしょう。そうすると二日間早くできるから、注文主も非常に満足するわけです。いくらいい物ができるにしても、それが一カ月も先だというのであれば、注文はよそへ行ってしまいます。

だからそういう訓練を常にしていることが、非常に大事なことだと思うのです。

実力の伸ばし方

手本とするかしないか

そのような訓練とともに、実力を伸ばす上でもうひとつ忘れてはならない大事なことがあります。それを次にお話ししましょう。

みなさんが学校におられたときには、先生がみなさんをいろいろな角度から教え導いてくれたわけです。もちろん、みなさんが自分で、自主的に知識などを習得するということもあったでしょうが、だいたいにおいて先生方がたえずみなさんの介添役となっていろいろ教えてくれたのだと思います。

ところが会社の場合は、会社がいちいちみなさんの手をとって教えるということはできないと思うのです。しかし、形は違っても、実際は同じことになるともいえます。というのは、先輩の人たちが日々仕事をしているそのそばでみなさんも仕事をするわけです。すると、先輩の言動が生きた手本となります。ただ、その手本を手本とするかしないかは、これはみなさんの心構えひとつです。

私が自分で独立して事業を始めた当初は、非常に少ない人数でした。それで、私が電話をかけると、若い店員の人がそばで聞いているわけです。おやっさんはああいうふうに電話をかけているな、ということが自然と頭に入ってきます。それで、店員の人が自分で電話をかけるとき、私の言っているとおりに電話をかけるわけです。

そういうことで、いつとはなしに、外部の人びとから「君のところの店員は、君と同じことを言う」というふうになり、感心もされました。それで若い店員の人でも、先方へ行って相当信用もされ、十分に用を足すことができるようになったのです。その言動がおおむね私によく似てきたのです。

これは、教えずして習ったわけです。いってみればこれも、学校で教えてもらうのと同じことだと思います。みなさんは、会社では毎日のように、これはこうだああだと説明はしてもらえないかもしれませんが、しかし多くの先輩の人たちがそれぞれの立場で働いているのですから、その人たちの助手となり、また手伝いの立場に立って、その人たちのすることを見聞きすることにより、知らず識らずその人たちの言動をおぼえるでしょう。

そしてさらに、みなさんの生きた心というものがあれば、先輩の言動を取捨選択していいところをとり、そしてまたみなさんそれぞれの個性に基づいたひとつの創作も生まれるでしょう。そこに自主性も生まれ、やがてしだいに責任ある立場に立って仕事をするようになると思います。

みずから学びとる

私はそういう心がけというか心構えが必要だと思うのです。それがないと、教えてもらえないことに対して不平も出てくるでしょうし、またみなさん自身の実力も伸びてこないと思います。教えてもらえないけれども、先輩のそばにいて手伝っていくかたわら、物事を自修し、自得しなければならない、みずから学びとるのだ、とこういった心構え、用意がなければ、私は社員として成功はむつかしいと思うのです。

もちろんなかには、何もかも親切に手をとって教えてくれるという場合もあるでしょう。けれどもそれを望んではいけないと思います。やはりみなさんが進んでその先輩のいいところをとって、その後へついていく。そのついていくという姿においてなお自分の創意とか特色、個性といったものをいい意味に生かして、そこにひとつの自分というものを創作していく。このようにしてこそ、より味のある人間、より実力のある社員となっていくのです。これは非常に大事なことです。

会社というものは、個々の社員の実力が高まることが肝要です。みなさんが個々に成長していけば、みなさんの会社の実力が高まることになります。しかし、個々の実力が高まったからその会社はうまくいくかというと、必ずしもそうではありません。個々バラバラではうまくいかないのです。それをうまくまとめていく力がその会社になければいけません。また、その力があるからもう安心かというと、そうでもないのです。

というのは、会社に力があっても、それをはね返すというか、弱める力があっては何もなりません。だからみなさんは、個々の力を養成すると同時に、養成して高まった個々の力をいい意味に調和させるチームワークをとることが大切です。野球でいえば一塁手がたえず二塁手の立場も見守っているといった、そういうチームワークをとることに、お互いが努力しなければいけません。そうすれば、個々の力もいいし、チームワークもいいということで、そこに生まれるところの活動力は、会社に大きなプラスをもたらします。よき仕事もでき、よりよき会社の姿につながるのです。

すべてが成功の場所

ところでみなさんは、みなさんの会社を信頼しておられるでしょうか。みなさんにとって大事なことはいろいろありますが、基本的にいってまず一番大事なのは、自分の会社を信頼することではないでしょうか。みなさんの会社が、みなさんを迎えたのは、みなさんを信頼しているからです。またみなさんもその会社を信頼して入ったわけです。

だからみなさんは、自分は会社を信頼しているのだ、そしてよき社員になるのだ、そして会社を通じて人間として社会奉仕をするのだと考える。そう考えていたなら、まず失敗することはないだろうと思います。

それから、もうひとつ申しあげますが、みなさんの働いている職場はさまざまですから、人によっては自分はいいところで働いていると思い、また一方では自分の働いているところはどうもよくないと思っている人もおられるでしょう。しかし、どこで働いていようと、みなさんの考えしだいで、すべてそこが成功の場所になるのです。

世間で、ああいいところだなといわれるような職場が、必ずしもみなさんの修行の場として好ましいとは思えません。むしろ、困難な、むつかしいところだなと世間からいわれるようなところこそ、みなさんにとって好ましい勤務場所だといえるでしょう。みなさんがそのくらいの心意気をもつことが一面必要ではないかと思います。どこの会社にしろ、とくにみなさんが苦しむようなことは決してしないものです。心配はいらないのです。いやな職場だなと考えて悲観したり、神経質になったりしてはいけません。

むしろ、これはおもしろい、これは自分としては修行になるなと、いわば喜びをもってすごしていくことが大切だと思うのです。人間は悲観しだしたらもうきりがありません。しまいには自殺する人さえあるのです。だからやはりこれは心の持ち方です。成功したといわれる人たちの伝記などをみると、普通の人なら自殺しかねない状況にあっても、自殺していません。いってみれば、困難な状況、境遇に直面して、それを喜び迎えているわけです。

もちろんそういうことは、たやすいことではないと思いますが、みなさんもぜひそういったものの考え方、心の持ち方を身につけるようにしてください。みなさんはそう簡単に自殺することはないでしょうが、しかし、神経質にならないようにしてください。何事も心にじっとためておくのでなく、訴えたいこと、耐えられないことがあったら、大いに口に出すことです。友人でも先輩でも、上司でも、そういう人たちに遠慮せず言ったらいいと思うのです。

一人前になれば

武士は十三歳で一人前

実力を伸ばすということについてふれましたが、みなさんの中にはもうすでに着々と実力を伸ばしておられるベテランの人もあれば、入社してまだ間もない人もいるでしょう。そういう新人である人は、一日も早く一人前になろうと努力しておられると思います。が、見方によれば、二十歳を越えたみなさんはもうすでに一人前だといってもよいわけです。

日本の昔の武士の家庭では、子どもが十五歳になると、厳粛に、かつめでたく、元服の式をあげるのがひとつの風習でした。元服をすませた人は一人前として扱われるのです。そのかわりにまた一人前として、いろいろ責任を自覚して行動しなければならなかったわけです。今日では、十五歳でなく満二十歳に達した人をおとなとして、成年の式典を催すことになっています。

昔と今とでは五年延長されたのです。昔は十五歳といっても、満でいくと十三歳です。だから昔の武士階級の人は、満で十三歳になると、元服して戦場に立つというようなことが当然の義務として考えられていたのです。ですからその行なうところ、すべて自分が独立的に責任を感じてやるわけです。一人前の武士として卑怯なことはできません。やるべきときには死をも恐れず断固やるという覚悟をもたされていたのです。

今日では時代も変わっていますから、昔の武士のように死に直面してどうこうということはあまりいわれません。命というものは軽んじてはならないものですから、どこまでも尊重していくのは当然だと思います。しかし長き日本の伝統のうちには、命を捨てて事をなすのは非常に尊いことだという考えもあったのです。一面、それはそれで人生というもの、人間というものを非常に高く評価したひとつの姿だという感じもします。

そういう風習等もあって、われわれ日本人は、一人前になる、おとなになるということは、いろいろな意味において、生涯を通じての大きなフシと考えねばならないと思います。「もう一人前になったのだから、君はそういうことをしてはいけない。それは許されない」ということもいわれます。「一人前になったからいつまでも親のすねをかじっていてはならない。自分で働いて親に尽くさねばならない。それが一人前の人間としての生活態度である」ともいわれます。

二十歳になったみなさんは

だから一人前になる、成年になるということは、一面に非常に意義深く楽しい、めでたいことですが、一面に非常に責任を自覚しなければならないと思います。満二十歳になったなら、もうおとなです。だから、今までの子どもと違って、今までは許されたことでも、もう許されないのだ、という自覚をもっていなくてはならないと思うのです。そこにおとなとしての人生に対する出発点があると思うのです。

しかし、そうはいっても、二十歳になったばかりのみなさんについていえば、これはおとなとして一番新参者です。私は、同じおとなでも、だいぶ先輩にあたるわけです。ですから、いろいろなことをやってきました。いろいろ失敗もし、また成功もしてきました。さまざまなことがありました。体験という点からいうと、いろいろな体験を重ねているのです。その体験を重ねたこと自体が尊いかどうかは別にして、少なくともみなさん方が味わったことのない幾多の事柄を味わってきたことは事実です。

そういう意味からいって、二十歳になったばかりのみなさんはおとなといってもまだ新前のおとなです。だから、これから社会人として立派な歩みをし、成果をあげていくためには、何が正しいかということをそれぞれの立場で考え、その道に進んでいくことのほかに、先輩にものを聞くことがきわめて大切なことだと思うのです。

私は体験ほど尊いものはないと思うのです。体験の中にも、重ねてはならないような体験もあるでしょう。しかし、実際に事にあたってはじめてものがわかるという場合が多いのです。卑近な例ですが、水泳というものを考えてみます。水につかってこう足をのばしてこう手を動かせば、体は浮くんだという理論を先生から三年間学んだとします。そして理論の上においても、また動作の上においてもまちがいない理解を得たとしても、それで水泳ができるかというと、私はできないと思います。そういうことのほかに、実際に水につかって、水をガブリと飲むとかいったことを何回かやり、訓練を重ねていってはじめて体も浮き、うまく泳げるようになってくるのです。これは訓練によって、いわゆる体験を重ねていくことによってのみ成り立つことだと思うのです。理論だけでは泳げるものではありません。

おとなとしての修行を

それと同じように、社会人として過ちのない活動をしていくには、みなさんそれぞれにもっている知識を基礎に、実際に事にあたって得た体験を積み重ねていくことが大切なのです。日々の生活体験がすぐみなさんの力となり、血や肉となっていきます。それをぬきにしては、立派な社会人になることはできないと思います。ですから、おとなになって、はじめておとなとしての修行に入るという立場に立つわけです。

今までは子どもとしての修行であった。そしてその修行は先生から、先輩から教え導かれた修行であった。しかし満二十歳になってからのおとなとしての修行は、みずから求めていく、自主的に研究していく、そういう点に大変な違いがあると思います。そういう態度の上になお先輩にものをたずね教えを乞うという態度が、みなさんにとってきわめて大切ではないかという感じがします。

また先輩の立場にある人びとにしても、二十歳になる前までは子どもにものを教えるという態度でしたが、二十歳になった後は一人前の人を導くという態度に変わってくると思います。そこが非常に大事なところだと思うのです。

先輩としては、後輩を一人前の人として見、忠言を呈していく。これは先輩の人たちの大きな仕事だと思います。同時に、そういう導き、教えを受ける人としても、一人前の責任ある者としての立場に立ってそれを聞き、それを味わう。そうしなくては、本当の修行はできないのではないかという感じがするのです。

成長の度合をはかる

一年にどれだけ伸びたか

実力を伸ばすとか、一人前になるとかいうことについてお話ししてきましたが、そういったことに関連してひとつふれておきたいことがあります。これは、なかなかむつかしいことです。が、みなさんにとって必要なことだと思いますので、あえて申しあげます。それは、みなさんは一年一年にどれだけ伸びているか、ということです。早くいえば、昨年のみなさんと今年のみなさんとを比べて、どれだけそこに成長があるかということです。技術の上に、あるいは社会に対するものの考え方の上に、どれだけの成長があったかです。

その成長の度合をはかる機械があれば、これは簡単にわかります。重さでいうなら、これは五百グラムふえたな、ということがわかるわけです。しかし、みなさんの活動能力というか、知恵、才覚というか、そういう総合の力が伸びているかどうかをはかる機械はありません。

上司の人が見て、あの人はだいぶ伸びたなということはいえるかもしれません。しかしそれも正確にはかってみることはできませんし、発表することもできません。相撲の星取りなら、勝負して勝ったら白、負けたら黒と、これはすぐわかります。あいつは強くなったな、去年より強くなったなとわかる。

しかしみなさんの実力は、それほど簡単にはわかりません。けれども、実力に相当した仕事を、みなさんは会社に約束しています。実力に相当した力をもって仕事をすることを会社に約束しているのです。そうすると、みなさんは自分の実力がどれだけ伸びたかということがいえるかどうか、ということです。私は五パーセント伸びました。私は十パーセント、私は十五パーセント、私は百パーセント伸びたというふうに、自分でいえるかどうか。これをひとつ、みなさんにおたずねしたいのです。

みなさんは、自分の力でどれだけのことをしているかということを反省してみることが大切です。みなさんの力が伸びずに会社の力が伸びるということはありません。みなさんの力をうまく結集し、一と一とを結んで三の力に働かせることは、これは会社の経営の仕方、またみなさんの考えによってできるかもしれません。

しかし、一と一との力をあわせて、かりに三の働きができるとしても、その働きは、もし三同士なら九の仕事にもなるということには及ばないのです。だからやはり各個の力が一より三のほうがいいことは当然です。もっとも、各人が三になっていても、あわせてゼロになるような総合の働きをしたのでは、これはいかにみなさんが伸びてもうまくいきません。

個々の力が基礎だから

けれども、みなさん個々の力が何といっても基礎になるのです。だから、みなさんの力が一から二になり三になるということが大事なのです。それとあわせて、そうした力を集めてさらに何倍もの働きができるような会社の総合経営法ということが、経営の立場で考えられなければならないわけです。

これは、個々人に限らず、ひとつの課でも、課の関連の力をそういうように伸ばさなければなりません。そこに経営を預かる者の大きな責任があります。けれども同時に、一は一で、単位は単位で力を高めなければならないと思います。課なら課長はその課の経営者であり、また会社の重要な責任者としての一分子です。その重要な一分子としての力が昨年よりどれだけ伸びているかということ、そしてその間にどれだけの進歩があるかということを、課長はみずからはっきりつかまなければなりません。

それと同時に、今度は、一と一をあわせた力が三になるような考え方を部下にしてもらうようにしなければならないと思います。そうすることによって、課長なら課長としての力も上がったといえるわけです。

学校の試験の答案のようなものがあれば、「君はここがよくないから、こういうふうに反省してくれ」と言えばよくわかります。これなら非常に勉強もしやすい。けれども経営や仕事はそうはいかないのです。もちろん、ひとつの事業を預かっている人が適正な利益をあげられないというのは、これはひとつの答案みたいなものになりましょうが、しかしそれにしてもそう簡単にこれがそうだとはいえないいろいろな事情があります。

そういったことを考えてみると、人間の実力というものは、本当はわかるのでしょうが、なかなかわかりません。また、はっきりわかっても、かえっておもしろ味がないかもしれません。いずれにしろ、むつかしいことですが、少なくとも、みなさん自身でそういうことを検討することが大事だと思います。これは本当に大事なことだと思うのです。

第四章　よりよき日々を

変化する心だから

心ほど妙なものはない

人間というものは、気分が大事な問題です。気分がくさっていると、立派な知恵、才覚をもっている人でも、それを十分に生かすことができません。しかし気分が非常にいいと、今まで何ら気づかなかったことも考えつくというように、だんだんと活動力が増してきます。そこから成功の姿、発展の姿も出てきます。それでさらに気分がよくなってくる、というわけです。

こういうように、人間の心というものは妙なもので、希望がもてたり、将来性というものが考えられると、「よしやろう！」という気分になります。そうするとまたやれるものです。そこに考えもつかないような発展性が生まれたり、発明心が起こったり、あらゆる仕事の遂行にいい方針が見出される、ということにもなるのです。それに反して気分がくさってくると、別に悲観するようなことでなくても悲観と結びついていく。だんだん気が縮んでいき、おもしろくない、仕事を捨てよう、というような気分が出てきます。著しい場合にいたっては、それを通り越して、自殺するような極端に悲観的な気分も湧いてきます。これは世間にたくさん例のあることです。

そういうことを考えてみると、人間の心ほど妙なものはないと思うのです。それほど変化性が高いのです。問題はこの変化性にお互いがどう対処するかということです。全然変化のないものなら、努力しても、どういう環境をつくっても、効果はきわめて薄いのです。

ところが人間の心は非常に変化性がある。今愉快に笑っているかと思うと、次の瞬間に悲観するようなことが起これば悲観する。それほど変化性がありま す。だから、これがつけ目というか、考えなければならない点だと思います。そういう変化性があるから、努力すれば努力するだけの甲斐があるわけです。みんなが喜んで働くようにもっていくには、やはりそういう工夫さえすれば、人間は必ずそうなるようにできています。だから努力する甲斐がある、ということになるのです。そういう人間の心の動きの意外性というものを、経営者、指導的な立場に立つ人をはじめ、お互いがそれぞれによくつかむことが大事だと思うのです。

ものの言い方ひとつでも、受けるほうによっては、いろいろ感じが違います。どんな言い方をしても同じように感じるのであれば、心配はないわけです。そのかわり大きな感動もないから淡々としているということになります。けれどもものの言い方ひとつによって、受けるほうに非常に変化があります。刺激があったり、またそうでない場合があったりします。そういうことを考えてみると、やはり人を使う人、指導者として立つ人はもちろん、お互いみんながそれを十分念頭においておくことが大切だと思うのです。

用いさせる技術の評価

進言の仕方が大切

今、ものの言い方ひとつで受けるほうに非常に変化があると申しましたが、これはお互いに本当に心しておかねばならない大事なことだと思います。

たとえば、ここに一人の大将がいて、そのもとに非常に立派な軍師がいたとします。その軍師の立てた計画は、非常にすぐれた計画であり、軍略です。それを大将に進言しました。ところがもう一人軍師がいました。こちらの軍師の立てた計画は、決してすぐれたものではありません。この場合、大将がどちらを採用しようかと考えます。もしこの大将が神のごとく賢明であれば、すぐれたほうの軍略を用いることは、これはまちがいないと思います。

しかし、この大将がそうすぐれていない、普通の大将であるとすると、すぐれたほうの軍略を用いさせるか、劣ったほうの軍略を用いさせるかは、その軍略を立てた軍師の進言の仕方によると思うのです。

その軍略が非常に立派なものであっても、その進言の仕方が当を得なかったならば、これは用いられません。ところが軍略そのものは決してよくないけれども、その説明の仕方が適切であったならば、これは用いられるわけです。そして、その軍略によって戦争したところが負けてしまった、とこうなるわけです。これではもう元も子もありません。

せっかくいい軍略をもちながら、大将がそれを用いなかったから、大将が暗愚だといえばそのとおりです。けれどもその説明も、軍略以上に当を得なければならないと思います。軍略以上に当を得たなら、「なるほど、君の言うことはわかるからそうしようか」となって、戦争にも勝つわけです。

そういうことを考えてみると、いかに心に立派なものをもっていても、だからもう大丈夫だとはいえません。「私は誠心誠意の男です」と言うだけでは、まだ満点とはいえないのです。立派な軍略を立てることは軍師として当然の責務ですから、それはいろいろ立てないといけません。立てたら、今度は大将にそれを進言して用いさせなければならないのです。用いさせるにはどうしたらいいかということは、これは軍略と同じだけの価値のあるものだと思うのです。こういうことがわかってこないことには、本当に立派な軍師にはなれません。

無言のうちに説得も

みなさんは孔子のことをどの程度にご存じか知りませんが、孔子は世界の聖人として、釈迦、キリスト、孔子というように、ならび称せられるほど立派な賢人です。その孔子が当時の中国の中の多数の国々を回っても、孔子の言を用いる人はきわめて少なかったということです。尊敬はするけれども、孔子を宰相にして国を治めるというようなことはきわめて少なかったというわけです。用いさせるということは、それほどむつかしいものだと思うのです。

あれほどの人が説いたことだから、まちがいのないことを説いていると思いますが、それでも、用いさせることは、非常にむつかしいのです。ですから、用いさせるということの技術というか、考え方というものが、同時に非常に高く評価されなければならないと思います。

そういうことを考えてみると、自分は正義をもっている、自分は正しい人間だということは非常に大切なことですけれども、それをもって事終われりとしてはならないわけです。その大切なことを本当に発揮するためには、辛抱もしなければならないでしょうし、また説明の仕方についても十二分に研究しなければならないのです。

そして、人をしてこれがいいのだと知らしめることにあわせ成功したときに、はじめて自分の使命を達成したということになります。それをせずしてやれば、せっかく自分のもっているよいものをくさらせてしまうというのが世の中の姿です。その世の中の姿というものを、お互いによく承知しておかなければなりません。

それを承知するとはどういうことかというと、みずから事あるごとに体験を深めて、だんだんと修行を積んでいくということです。その第一歩が実際の味というものを知ることです。みなさんが日々の仕事をする上で、軍師と大将のたとえ話でいったようなことが、あちこちにころがっているのです。日々それに直面しているのです。もちろん、孔子ほどの人さえなし得なかったようなことを、われわれが簡単になし得るとは考えられません。けれども、それほどむつかしいものだということを一面に知っておくことが大切なのです。そうすれば、うまくいかない場合も腹が立たず、辛抱もできる、ということになってきます。

そうして刻々と誠意を尽くしていくと、今度は説明を要せずして、無言のうちに人をして用いさせることができます。ことばをもって説明して説得することができない場合には、今度は無言の態度で説得せしめるということが生まれてくるわけです。そしてついには、人をして認識せしめることになります。

忍ぶべきは忍んで

そのどちらもしないということではいけません。なかには、せっかくいいものができて、誠心誠意それをすすめたけれども用いてくれないというので憤慨して、これは相手が暗愚だからしようがないとやけになってしまう人もあるでしょう。しかしこれでは一《いっ》知《ち》半《はん》解《かい》というか、一を知って二を知らないことになります。

用いてくれなければ時を待とう。自分がこれだけ説明してもだめだというのは、これは時節がきていないのだ――そう考えてじっと忍耐していくところから、無言のうちに知らしめるというような、強い大きな誠意が生まれてきます。そしてそのうちに相手がみずから悟ることにもなって、それが非常な成功に結びつくことにもなりましょう。

われわれの日常の仕事というものは、全部そういうような内容をもっているものです。そこまでやるところに、男子の強さというものがあり、そこまでやりぬくのが男子の本懐だと思うのです。

今日のインテリといわれる人は、頭がさえて賢すぎるのでしょうか、すぐに用いさせようとし、相手が用いなかったら不平をもち、それでうちこわしになってしまいがちです。そういうことでは、私はたいしたことはできないだろうと思います。やはり忍ぶべきを忍ぶということが大切です。今日のわれわれには、忍びがたきをも忍ばなければならないような状態も、いろいろと起こってきています。

それをみなさんが知っていなくてはいけないと思うのです。そうすると、みなさんは、これはむつかしいなあ、そんなことに耐えられるかなあと思うかもしれません。けれどもこれは、見方によれば案外簡単なものです。世の中というのはそういうものだと悟らないといけません。そしてわが誠意は必ず到達するものだと考えれば、私は新たなる勇気が出てくると思うのです。そういう点に悟りをひらいて、そして世に処していくところに、真の勇気というものがあるのではないかと思うのです。

平凡な仕事を確実に

基盤は日常の仕事

さて、みなさんは、みなさんの仕事をよりよく進めていくために、日々いろいろと努力しておられると思います。が、そこでひとつ考えておかねばならないことは、お互いの仕事を進めていく上においては、どんなにいい方法といっても奇想天外な方法はあり得ない、ということです。いわば、平凡な日常の仕事を積み重ねていくことが、やはり基盤になると思うのです。もちろん、何か困難な問題に直面した場合は、それを打破する道として、今までになかった方法、手段も生み出されるでしょう。しかし、それは全部ではありません。大部分は、やはり、今までの仕事を克明に一つひとつ傷つかないようにやっていくことが、何といっても基盤でなければならないのです。その基盤の上に立って、なお一進歩をきたすことを考えるにすぎないと思うのです。

困難に直面すれば新たな道が生まれるといっても、日常の仕事というものに基本的な変化はないのです。やはり、日常の仕事を過ちなくやっていくことを基盤にして、新たな道を加えていくにすぎないと思うのです。

そうでないと、いたずらに新奇な道を探すというだけでは、かえってまちがいを起こすことにもなろうかと思います。だから、今までやってきた日常の仕事を誤りなく確実にやっていく、そしてその基盤の上に立って世の情勢に対処して新たな道を求めていく、そういうことだろうと思います。そのようにしていけば、必ずうまくいくだろうと思うのです。

結局、仕事というものは、きわめて平凡な仕事を確実に重ねていくにすぎない、決してむつかしいものではないと思うのです。たとえば、物をつくって売っている会社であれば、お客さまの気に入るようなものが生産され、売れているかどうかが、一番問われるところです。その問うところにまちがいがなければ、手だては生まれてくると思います。

ですから、きょうつくったもの、きょう売ったものがどういう結果かということは、あすにはもう知らなければいけません。それを、きょう売ったものを、あすその結果を知らないということではいけないのです。かりにその品物に欠点があって、それがやや一般に知られ、お客さまから小言を聞き、「それでは改良しましょう」というようなことでは、時すでに遅いわけです。さらに、お客さまから言われても、「そんなことはないでしょう」というような態度がもしあるとするならば、これはもう商売になりません。

たとえ、お客さまのほうが明らかに思い違いをされて小言を言われたという場合でも、それをそのまま受けて、「いいと思いますが、そうおっしゃるなら、悪いところがあるかもしれませんから一ぺん調べてみます」という謙虚な心に徹しなければいけないのです。そうすれば、決して問題はこじれません。また、欠点があってもすぐ直せることになります。

そういうことは、私はきわめて平凡な、尋常なことだと思うのです。尋常一年生の仕事です。もしかりに、その尋常一年生の仕事をせずして、大学生の仕事をやっていこうとしたなら、それは決してうまくいかないでしょう。一から始めていけば、それがやがて二になり三になり、万にもなってくるのですから、その第一歩の仕事を怠ることなく、大切にしていかなければならないと思うのです。

価値ある仕事を

自分の働きに意義を

平凡な仕事、第一歩の仕事を大切にする、ということをお話ししましたが、今度は、その仕事、みなさんの仕事の価値について考えてみましょう。

いまかりに、私が月給を百万円もらっているとすれば、私が百万円分の仕事だけしていたのでは会社へは何もプラスしません。少なくとも私の常識では、百万円もらっているなら、月に一千万円ぐらいの仕事をしないことには会社が立っていかないだろうと思います。

十万円もらっている人が十万円の仕事をしたのでは、会社には何も残りません。それは同時に国にも残らないということです。国に税金が納められません。そうすると、日本の国が立っていかないわけです。だから、私自身の場合は、常識として、私は自分の働きでこれこれくらいは儲けているだろう、そういうようにたえず自問自答しているわけです。

みなさんは、そういうことを考えているでしょうか。たとえば自分が十万円もらっていれば、少なくとも自分は今月の働きからいうと、仕事をうまくやったから、価値からすれば百万円の価値があるな、そうすると会社に対して差し引き九十万円プラスしていることになる、ということを考えてみたことがありますか。あなたはどうでしょう。

こういうことは、やはりある程度考えていなければならないと思うのです。そして自分が十万円もらっていれば、少なくとも三十万円、願わくば百万円の仕事をしていないといけません。そうすれば会社に金が残ります。その金は、会社だけでなく社会へ全部還元されるわけです。会社から十万円もらって八万円の仕事をしていたなら、会社は二万円損ですから、その会社はつぶれてしまいます。簡単なことです。会社に働く者としては、そういうことを常識として理解しておく必要があると思います。

また、総理大臣は、国民に「あなたが正当な方法で五十万円儲けようと百万円儲けようと、それは自由です。けれども、百万円儲けたらその百万円を全部自分のものとしてはいけません。たとえば八割は社会へ還元しないといけません。そうすれば、他のやはり百万円儲けた人からも八十万円の金が社会へ還元され、それが回り回ってあなたへ入ってきます。だから、結局それで百万円になるのです」というようにたえず説かなければいけないと思います。そうすると、そうだなとわかって国民がさらに勤勉になってくるし、自分の働きに意義を感じることもできるわけです。

そうして、自分の働きは自分のものにあらず、広く他に均霑《きんてん》しているのだ、同時に他の働きは自分に均霑しているのだ、だから互いに感謝し合わなければいけないと、こうなるでしょう。そういうところに、真の平和が国民の間に出てくるわけです。ところが、今は権利だけを教えているから、自己の権利を主張することしか習わず、互いに角突き合わすような姿が社会のあちこちに起こってくるわけです。

末座の人の声を聞く

なぜ武田は亡びたか

ちょっと話は変わりますが、昔の大将が軍議をひらいて、どういうように戦争をしたものだろうかとみなにはかった場合、各武将がそれぞれ意見を言います。それで大将が、ではこういうようにやろうかということで、衆議まさに決せんとするときに、ずっと末座に座っていた地位の低い人が「しばらくお待ちください」と言う。「何事だ、いままさに軍議が決しようとしているのに何だ」「私はいま決定せんとしていることに反対です。私はこう思います」と言う。賢明なる大将であれば、それを静かに聞いてみて、なるほどと考えます。

もし、その大将が謙虚な心をもっていなければ、末座から出た意見を葬ってしまいます。しかし謙虚な大将であれば、耳を傾けて聞きます。そしてその人の言うことに一理あるとなれば、「ちょっと待て、この軍議はもう一ぺんやりなおしだ。君、もう一ぺん言ってくれないか」そして軍議を変える。こういうことが、よく物語などに出てきます。

そういう衆知を集めた軍議というものが大切なのです。みなさんは、そういうことをやっておられるでしょうか。会議の際には末座の人の意見も用いているでしょうか。みなさんが長という立場に立って会議をする場合、一番若輩といわれるような人から、そういう意見が出るでしょうか。これは、意見が出るような空気をつくっているかどうかがまず大事な問題です。つくっていなかったなら、言うことができません。よほど勇気のある人だったら言うかもわかりません。しかし普通の人であれば、なかなか言わないものです。だからそういう会議をするときに、末座に座っている人が遠慮なく言える空気をつくることが、長となる人の心得だと思います。

またそういう空気がさほどなくても、そういうことを言ってくれる人があれば、喜んでそれを聞くという雅量をもっているかどうかということです。それをもっていなかったならば、そのグループなり、会社は、うまくいかなくなってしまうと思います。そういうことが非常に大事だと思うのです。

戦国の世に武田が亡びた原因はいろいろあるでしょうが、ひとつには武田勝頼が、軍議をひらいても、「そういう戦争の仕方はいけません」という意見を末座の武士に言わしめるような空気をつくっていなかった。さらにまた、そういう空気がなくても、お国の大事だという意見に耳を傾けて聞くという謙虚なものをもっていなかった。そういうところに原因のひとつがあったともいえるでしょう。

衆知による経営を

そういうことを考えてみると、われわれの祖先というか先人は、事に臨んで、どういうようにやってきたか、どういうようにやるのが一番よかったかという事例を、たくさん残してくれているわけです。その事例を静かに考えれば、大将として何を考えねばならないか、長として何を考えねばならないかということは、みな実験例によって教えてくれていると思います。その教えてくれていることを、われわれは見すごしがちになっているのです。それはもったいないことだと思います。衆知によってやらなければ、本当の発展というものは得られません。それは個人といわず、集団、会社といわず、みなそうだと思います。独裁はいけないというのは、そこにあると思うのです。

衆知によって会社を経営することの大切さは、かねがね私が考え、のべているところです。各自がもつ意見を遠慮なく出し切って、そして会社の経営に参加するところに、会社の好ましい発展が生まれてくると思うのです。

経営者がすぐれているというだけでは、立派な会社ができるものではないと思います。それも必要でしょう。しかし経営者が意見の出やすい空気をつくること、また末座の人の意見を聞くことも必要でしょう。そういう人の意見があってこそ、会社の好ましい発展が生まれるのです。

そういうことを各部署ごとに考え、大きくは会社として考える、そうしてやっていくなら、そう大きい過ちもなく発展していくのではないかという感じがするのです。

今、それぞれの会社は、いってみればひとつの転機にきていると思います。その転機をよりよく生かすにはどうすればよいかというと、それは末座の人の声を聞くということです。末座の声を用いるということです。末座にいる人は遠慮なくものを言わなければいけないということです。そしてそれを取り上げなければいけないということです。もちろん、なかには取り上げてはならない声もあります。それは、その人の認識不足から出る声です。それは取り上げてはいけません。その選択をしなければいけませんけれども、衆知を集めてやるのだという基本観念だけは、はっきりもっていないと、経営者の独走ということになってしまうと思います。そうなると、どんなに立派な会社であっても崩壊してしまうと思うのです。

社長を若返らせる

言動ひとつでできること

ところでみなさんは、会社に勤務しているとか、商店に勤務しているとか、いろいろな立場に立っておられるわけです。それで、みなさん自身は、だいたいにおいて若いのですが、みなさんの会社なり商店の社長さんは、年がいっておられると思います。その年のいっている社長を若返らせるか若返らせないかということが大事な問題だと思うのですが、それはみなさんの力でできることだと思うのです。社長の年齢を十年や二十年引き戻すのは、みなさんの言動ひとつでできると思うのです。

たとえば、社長さん、あるいはご店主、ご主人に、「もっと若返ってください。あなたが若返ってくれないと、私は仕事がしにくいのです」こういう具合にたえず呼びかける。そういうふうに言ってくれる社員があれば、社長さんはどれほどうれしいかわからないと思います。「あなたはもう年いったから、危ないからもうあっちにのいていなさい」と言われたら、何だかもういっぺんに年をとってしまいます。

けれども、「大将、まだあなたは若いのです。あなたは六十五歳ですが、六十五歳だったらまだ子どもですよ。もっと若返ってください」こういうようにみなさんが言ってあげて、そして一生懸命に仕事をしてあげるとなれば、社長さんは喜びます。「何といいことを言ってくれるなあ」と言って、これは若返ります。若返って喜ぶところから、いい知恵が出ます。いい知恵はその店の繁盛になり、そうするとみなさんも月給が上がります。これは、もうちゃんと道理にかなっているのです。

そういうことをしないような社員は、いってみれば役に立たない社員だろうと思うのです。仕事を熱心にやるぐらいは当たり前の話です。なすべき仕事をちゃんとするというようなことは、これは普通の話で、あまり自慢になりません。仕事は一人前にするが、そのほかに主人公の年までも若返らせることができるかどうかということです。どうですみなさん、できますか。

みなさんがそういうようにしたら、主人公もみなさんを頼りにします。頼りにされるとこちらも一生懸命にやります。その間に腕が上がって、主人公にかわるような仕事をするようになるわけです。それが成長というものだと私は思うのです。

第五章　人間をみつめて

人間としての尊さ

物欲や地位だけでなく

この章では、われわれ人間自身というものについてみていきたい、考えていきたいと思うのですが、まずはじめに考えたいことは、われわれ人間は、物欲に動かされてはならない、ということです。物欲に動くということは、これはどんな動物でもやっています。われわれは物欲を無視するわけではありませんが、物欲とあわせて、それによって動かされない精神力をもっていると思うのです。

ある場合には自分の命を捨てても、これは正しいということに邁進《まいしん》することのできるのが人間です。他の動物はそうではありません。自分の命を捨てても、また利益にならないことでも、食べたいものを節してでも、これだけは通さなければならないと考えて実践することは、他の動物にはできないと思います。しかし人間には、そういうところに非常な尊さと意義とを感じる一面があるのです。

そして、そういう場合にあえてそれを行なうということを、常日頃から心に養っていくところに、人間としての尊さがあると思うのです。いつの場合にも自分を無視して行なうことは、多くの人のできないことだと思います。しかしある大事に臨んで、また自分の職責に臨んで、それだけの力強いものがなくては、人間の尊さというものはなくなってしまうと思います。

そして、そういう心構えをもっていたならば、自分の身を犠牲にすることにもならずに、まことに順調な状態において仕事が進んでいくことにもなろうかと思うのです。これは非常におもしろいところです。私は人間というものは実に偉大なものだと思うのです。最近、私は人間の尊さ、偉大さということが、つくづくわかってきたように思うのです。人間の何が尊いかというと、今いったようなところにこそ、人間の尊さというものがあると思うのです。

そういうことのできない人、いいかえると、単に物欲とか、地位とか、そういうことのみにわが思想を動かしていくような人は、果たして尊いかどうかわからない、そういう感じがします。

豊かな精神生活を

鉄の中では原子が動いて

人間としての尊さ、それは人間の心に養うものでしょうが、その心について私にひとつの思い出があるのです。それは、かつて私が一週間ほど欧州に行ったときのことなのです。仕事の上であるひとつの交渉をしたのですが、その交渉がなかなかうまくいきません。うまくいかないので、相手方の人と議論になり、しまいにはテーブルをたたいて激論したのです。しかしそれでも話がうまくおさまりません。そのうちに、もうこれ以上続けても仕方がないから、一ぺん休んでまた話しましょう、ちょうどごはんどきになりましたから議論は一応やめて食事をしましょう、ということで食事をしました。

食後に、私は大きな科学館を見に行ったのです。その中に、電子が原子核の回りを動いている姿が模型として出ていました。私は、そういう科学のことは全然知らないのですけれども、説明を聞くと、今ここにある鉄をこまかくみれば分子の集まりであり、その分子をさらに小さくみれば原子の集まりであり、その原子の構造をみれば原子核の回りを電子が回っている、その模型だというのです。その模型がもう間断なく動いているのです。

われわれが日頃鉄の塊を見ていると、これは動いていない死んだものだ、みずから動いていはしない、と思いがちです。けれども、その模型で見ると、その鉄の中では何十億分の一という小さい原子でしょうが、それが間断なく動いているのです。科学が進歩してくると、そういうことも研究され、お互いが知ることもできるわけです。また、アポロ十一号が月へ行くというようなことも頭に浮かんで、私は、神わざということばがあるが、ほとんど神わざのような成果を人間は生み出しているのだな、ということをつくづく考えたのです。

私はそう考えて、自分自身いたく感動しました。それで、議論の再開にあたって、まずそれを話したのです。

「さっき、私はこういうところを見てきた。原子の模型を見ていたく感銘した。そういうことまで人間の力でわかってきたのだ。また一方、アポロ十一号もやがて月に出発するということだ。それほど科学は進歩しているにもかかわらず、人間と人間との関係は決してそれほどには進歩していない。いまだにお互いに不信感をもって憎しみ合ってみたり、ケンカしてみたり、世界いたるところで闘争とか戦争のようなことをやっている。また平和な町にあっても内心は醜い争いをやっている。

どうして人間と人間との間は進歩しないのだろうか。人間と人間との間においても、もっとお互いに信じるというか、相手の過ちを責めるだけでなく、相手の過ちに同情して、お互いが共存共栄していくことに努力しなくてはならないと思う。科学は進歩するが、人間の心の進歩、精神の進歩がないということは、むしろ大きな不幸が起こってくるかもわからない。核をもって殺し合いするようなことも起こってくる。現に、わが国は原子爆弾を落とされ、非常な災害があった」そういう話をしたのです。

人間の心の上に進歩を

私は、そう自分で感じたからそういう話をしたのです。そうすると、おかしなものです。午前中に机をたたいて議論をして、交渉が決裂しそうな状態になっていたのが、そういう述懐をもらしたのちに会議に入ったら、全部私の主張が通ったのです。空気がすっかり変わってしまったのです。そんなつもりで言ったのではないのですけれども、私は、人間と人間との醜い争いを何とかして解決するようわれわれは努力しなくてはならないということを感じたから、そういう意味の話をしたのです。そうすると、あなたの主張するとおりにいたしましょうということになりました。机をたたいてやり合って、まさに決裂しそうな問題が解決したのです。

それで私は、人間の心というものは、いかようにも動くものだ、考え方ひとつによってどんなことでもできるものだ、ということをつくづく感じました。なぐり合いするのも、やはり人間の心の姿です。手を握り合って仲よくいきましょうというのも人間の心の働きです。非常に広い大きな幅をもって、自由自在にやれるものです。ところが人間は、とかくひとつのものにとらわれて、そしてケンカをし憎しみ合い、戦争まがいのことをし、さらには大きな戦争をするということを過去何千年もくり返してきています。今もなおそれをくり返そうとしつつあります。

そういう心の向上というか、心の安定というものに、何の進歩もないのが今日の姿です。私は、たとえ自動車の数が半分になっても、電車の数が半分になっても、もっと人間と人間が相寄って、そしてそこに豊かな精神生活ができることのほうが、むしろ望ましいのではないかと思います。そうでなければ、もっと大きな弊害が起こってくるのではないかという気もします。そういうことを考えてみると、われわれは今、非常に考えねばならない段階に立っているといえると思うのです。

尊さを忘れている

自覚が足りないから

もうひとつ考えねばならないと思うことは、今日、人権ということが盛んに叫ばれている、ということです。私はそれに反対するものではありません。人間の権利がいかに尊いものかをお互いが叫ぶことは、これはこれで立派なことだと思います。しかし、その人権は、本来、万物に対して叫ばれるものであって、人間お互いが叫ぶものであってはならないと思うのです。人間と人間との間に人権はあり得ないと思うのです。

そのあり得ないと思うことが非常に重視され、人権を叫ばなければならないということは、人間が人間の尊さを根本的に忘れさっているから、人権を主張せざるを得ないような現実になっていると思うのです。もともと平等の形において、人権というものが存在しています。しかしその人権は、万物の王者、主人公であるということなのです。

私は、人間はもともと人間であって、その人間の歴史は、人間そのものとして向上してきたと思うのです。知識を養い、いろいろな道具をつくり出して、人間の生活を向上させてきたのです。しかし人間そのものは不変です。変わっていないと思います。私は、人間が猿から進化したというような考え方に対しては、疑問をもっています。猿はやはり最初から猿であり、虎は最初から虎であり、人間は最初から人間であると思うのです。進化したというような形で考えたくないのです。

人間ははじめから人間としての素質、性質を与えられ、それがみずからの努力によって知識を進め、道具をこしらえて、みずからの生活を高めてきた、それが人間の歴史だと思うのです。

その人間が、互いに人権を叫んで争い合うこと自体が、根本的に矛盾した姿だと思うのです。が、現実には、そういうことをせざるを得ないほど、お互い人間の人間としての自覚が足りないから、一人の人間が一人の人間を苦しめるというような姿も生じ、それで人権論が出てきたのだと思います。本来は人権論などあり得ないというのが私の考えです。もし人権論を主張するなら、それは人間以外に対して、人間はかくのごとき立派なものだから人間を認めよ、という主張をしていいと思うのです。人間同士がそれを主張すること自体がまちがった姿だということです。

しかしそういうまちがったことを平然と考えているから、やむを得ず、人権論をとなえ、そして人間は平等であるということを叫ばなくてはならないのです。人間はもとより平等だと思います。一切は平等の形においてできていると思います。そこに格差は全然ないのです。これがはっきりしてくると、人間の社会、今日の世相はだいぶ変わってくるのではないかという感じがします。これは非常に大事な問題だと思います。

常に喜びをもって

生活の楽しみに味わいが

人間の歴史というものについて少しふれましたが、その人間の歴史の歩みの中にわれわれも含まれているわけです。したがって、今日、お互いの生活態度というものは、人類共同の福祉というか、進歩というか、そういうところに共同の力を加え、それを開発していくべき立場に立っているわけです。そういうように考えてみると、われわれの人生というものは、限りなく発展し、限りなく幸福が伸び、限りなく平和が上昇していくものだと考えられます。

しかし実際には、物事が非常に進歩している反面、今日われわれが本当の意味の幸福感にひたっているかというと、必ずしも多くの人びとが今日の時代を喜び、そういう進歩を喜び、人生を楽しみ感謝をしているとは限りません。

たとえば、十年前に、万年筆があれば便利だから、せめて一本だけでもほしいと考えていた人が、今日では万年筆を二本ももっているというような状態になっています。万年筆以外でも、それに準ずるような状態に生活が向上してきています。それでは、その人は感謝しているかというと、必ずしもそうではありません。こんなバカな社会はない、けしからん世の中だという顔をしています。

そのように、十年前にはせめて万年筆一本あったならばといって、それに非常な喜びと期待をかけていて、やっとそれが得られたら、今度はもっと強い不満が生まれてくるというような傾向が、今日の社会にはあろうかと思うのです。これが非常に問題だと思うのです。

私どもは、生活の上に、精神の上に、物心一如の繁栄が約束されています。神さまはわれわれに対して、「こういうように生活を向上させるのはけしからん」といってお叱りにはならないと思うのです。きのうよりきょう、きょうよりあすへの生活の向上、それをお喜びになる、それは結構だと神さまは思ってくださっていると思うのです。

ですからわれわれは、いくらでもお互いの協力と努力によって、一歩一歩生活なり、その他の環境なり、すべてをよりよくしていく。それは限りないものだと私は思うのです。なるほど、みなさんの一生の間には、ここからここまでいくという限定がありましょう。しかし、人類というものは、永遠に続いていくものです。過去の人類の歴史は、何十万年もの間、だんだん進歩しています。これは今後もまた数十万年、あるいは何百億年もいくかもしれませんが、その間、だんだん人類というものの生活状態は向上していくと思うのです。

そう考えると、限りない発展、限りない繁栄というものがお互いに約束されている。それを一歩一歩、その繁栄を切りひらいていくのがわれわれの楽しみである。そういう生活の楽しみに、人間というものの味わいがあるのではないかというような感じがします。そう考えると、そう不足なく、問題もないように思うのです。

価値判断と幸福感

しかし、最近の新聞には、殺人とか、自動車の衝突で死んだとか、殺風景な記事が始終載っています。非常に楽しい一日をこのグループはすごしたとか、こういう和やかな姿があったとかいうような記事はほとんど載っていません。あってもちょっとしか載っていません。反対に神経のとがるような記事は非常にたくさんあります。そういうような状態で、限りなく進歩していくという過程を楽しみ、喜び、それを感謝するという姿において動いていくのではなく、それに対して不平不満をぶちまけるような状態において動いていくということは、私は非常にもったいないことではないかという感じがするのです。

〝猫に小判〟ということばがあります。それはどういうことかというと、小判をやっても猫は喜ばないということです。小判のかわりにカツオ節をやれば、猫は喜んでこれを食べるでしょう。人間であれば、カツオ節も結構ですけれども、小判はさらに結構だということになると思います。それは、価値判断ができるからです。猫よりも人間のほうが価値判断が十分できるからだと思うのです。カツオ節も結構だが、しかし、小判はこれを活用すればもっと大きなものが得られるということがわかりますから、カツオ節よりも小判のほうがいい、というのが人間です。猫はそれがわからないからカツオ節がいいということになる。

結局、価値判断が正当にできるかできないかによって、その幸福感の認識が左右されると思うのです。これは非常に大事なことだと思います。これは喜ぶべきこと、うれしいことであるということが認識できないのは、非常にさびしいことだと思うのです。同時にこれは非常に貧困なことだと思います。

人間が、過去何十万年、将来何十万年を生きぬくとして、その一コマ一コマを楽しく暮らしていく、その一コマ一コマをよりよく認識して暮らしていくということに、お互いがもっと理解し協力し合う、教え合うということになれば、人類は限りなく発展していくという姿において、常に喜びをもってその過程を踏んでいくことができるのではないでしょうか。

なぜＰＨＰを始めたか

人間は気づいていない

　人間というものについて感じていることのいくつかをお話ししてきましたが、私が人間についてとくに深く考えたのは、戦争直後でした。今思い起こすと、あの昭和二十一年の頃の世相は、戦争直後とあって非常に退廃した、窮乏した時代でした。非常に困窮をきわめていました。国民生活の上にいろいろな形において、ことばでは言えないほど悲惨な状態が起こっていたのです。

　私は当時、松下電器の経営をやっていかねばならない立場にあり、それはそれで非常に大事な仕事だと考えていました。けれども、また一面に、こういう世相がいったいなぜ起こったのだろうかという強い疑問をもち、またそれを復旧していく政治なり世間の動きに、私にはどうも腑《ふ》に落ちないものがたくさんあったのです。それで、電気器具製造という仕事をしていくかたわら、人間として社会人として、そういう面もよく考えてみなくてはならないと考え、ＰＨＰの研究を始めたのです。

ＰＨＰの研究は、お互いの人間生活の上に繁栄と平和と幸福をより高く招来せしめようということを考えるものです。その当時の非常に悲惨な姿を見ると、そういうことがしきりに考えられたわけです。つまり、こんなバカな世の中はない、この退廃した世相を健全な姿に力強く導くような運動が必要なのに、そういうものは何もないではないかということで、半ば私憤、半ば公憤を感じて、ＰＨＰの研究、運動を始めたわけです。

そのときに考えたのが、この非常にすさんだ社会情勢はなぜ起こったのだろうか、ということです。これが人間のひとつの避けることのできない姿であれば、これはこれでしようがない。しかし、私はそのとき、そうは考えなかったのです。どう考えたかというと、人間というものは限りなき繁栄と平和と幸福を原則として与えられているものだ、とこういうふうに考えたわけです。

こういう悲惨な世相は、人間がみずから招いたものであり、本来与えられているものをみずからが捨てているのだ、しかもそのことに気がついていないのだ、というように考えたのです。

なぜそう考えたかというと、「この世界には百数十カ国からの国があり、また約三十億の人口がある。その国々、人びとがみな一様に困難な状態になっているかというと、そうではない。ある国は、多くの人を餓死せしめている。ある国は、一人の餓死者もないのみならず、非常に文化が栄えて繁栄している。そうすると、やはり人間の考え、国の営みによって、餓死するような悲惨なことにもなるし、また非常に好ましい繁栄の国家もつくり上げることができるのだ」

与えられているものを

「そう考えてみると、やはりこの日本の悲惨な姿は、本来あり得ないものだ。それは、みずからが招いたものである。そう考えられる。原則としてわれわれに繁栄、平和、幸福が与えられていなかったら、どこの国でも悲惨な状態になるのが本当である。しかし、ある国は悲惨な状態であり、ある国は栄えて好ましい状態であるということは、やはりその国の人びとの考えいかんによっては、繁栄にもなるし、また悲惨な状態にもなるのだ」

「そういうことを考えてみると、本来は共通的に、原則として、人間には限りなき繁栄、平和、幸福というものが与えられているのだ。それを、人間の小賢《こざか》しい知恵とか、過ぎたる欲望にとらわれて、みずから壊しているのだというふうにも考えられる。だから、そういう考え方を是正して、本来与えられている繁栄、平和、幸福を招来する道を求めていったならば、必ず求められるにちがいない」

こういうようなことを、私は私なりに考えてみたのです。

本来与えられていないのであれば、そういうことを言ってみても考えてみても絶対に達成できない。しかし原則としては、限りなき幸せは与えられている、それが人間の本来の姿だ、ということです。

こう考えてみると、そこに光明が見出せるわけです。したがってその与えられているものを素直に求めていったら、やがてはそれに到達する、光に到達することができるのではないかということです。光がなければ、いかに求めても、いかに努力しても、光を求めることはできません。しかし光があれば、それに近づく道、それを求める道は探し出せるだろう、こういうように考えているのです。

そこでＰＨＰの研究、ＰＨＰの運動というものは、いかにすればその光に近づくことができるかを研究してみよう、ということなのです。

人間には限りなき繁栄、平和、幸福が与えられているのであれば、そういう人間の本質に立って人間というものを考えてみる。そして、どういう考え方をもって、それを生活に生かせばよりよき繁栄、平和、幸福の道が求められるのかを考える。これは一朝一夕にはいかない。また、われわれだけの知恵、才覚ではいけない。

けれども、幸いにして三十億からの人びとがいるのだから、みんなの知恵を少しずつでも集め、それを生かすことができたなら、それは英知ともなり、いわば神の知恵にも通じるのではないか。こういうことを考えて、ＰＨＰ研究、ＰＨＰ運動というものを始めたわけです。

第六章　日本を考える

自分を愛し国を愛し

真に国を愛するなら

この章では、みなさんとともに、この国日本と日本人について考えてみたいと思うのですが、まずはじめに、愛国心というものについて考えてみましょう。戦後、日本では愛国心ということばがあまり言われなくなりました。しかし、国を愛する心は、どこの国家でも、国民でも、相当強くもっているのではないでしょうか。

最近、いわゆる発展途上国というか新しい独立国家が、相当たくさんできました。今まで植民地だった国々が独立して、国家の経営が始まったのです。そういう国で何よりも大事なことは、まず自分たちの民族は自分たちの国を愛し、自分たちの国の独立をはかろう、ということです。現在そういった考えを中心として、むしろいさかいが起こっている場合があるほど、国を愛するという精神が燃え上がっているのです。これはみなさんもご承知のとおりだと思います。

わが国はどうかというと、わが国は過去、相当立派な成長発展を遂げてきましたが、不思議に愛国心ということばがお互いの口から出ないのです。ときたま出ても、それはあまり歓迎されないような状態です。なぜ愛国心ということばが歓迎されないのか、一面不思議にたえないのです。われわれ日本国民は国を愛する心をどこよりも強くもっているから、今さらその必要がないから、とくに言わないのかというと、必ずしもそうとは思えません。

愛国心というものは、国を愛するあまりに他の国と戦いをすることになる、こう結びつける人もいます。けれども決してそういうことはないと思うのです。国を愛すれば愛するほど、隣国と仲よくしていこう、隣国と友好を結んでいこう、ということになるだろうと思うのです。しかるに、そういうように解釈せずして、国を愛する心を強くすればまちがいが起こるという人もあります。これは非常にまちがったことです。本当に国を愛して、いさかいが起こることは絶対にあり得ないと思うのです。真に国を愛するならば、隣国と仲よくすることにつながるのです。

自分を愛そうと思えば

それが、戦後あまり言われないというのはまことに残念なことです。われわれはもっと国を愛し、そして隣国、他国とともに栄えていこうという考えをもつことが大切です。

お互い人間は、自分自身が非常にかわいいものだと思います。それで自分を大事にすると思うのです。自分を粗末にする人はまずないと思います。知らず識らず、誤って自分を粗末にする結果になる場合はあるかもしれませんが、心から自分を粗末にする人はないと思うのです。やはり自分を愛することに一番強いものがあると思います。

それで自分を愛そうと思えば、やはり自分の家もよくならなければなりませんし、また自分の町もよくなってもらわなくてはなりません。秩序が乱れた町の中にいる自分は幸せにはなれません。自分の幸せは、やはりその町がきれいで、豊かで、いろいろと好ましい情勢に動いているときに、はじめて守られるわけです。

国もまたそうです。好ましい立派な国にいる国民は、やはり幸せだと思います。そうだとすれば、その国民としては、自分の国を愛し、町を愛し、そしてその中にいるお互いが愛し合い、平和な生活をそこにつくり上げていくよう努力しなくてはならないのはいうまでもありません。

今、全世界の人びとは、そういう考えをもって努力しているのです。しかし、なかなかそれがうまくいかない点もあって、過ちを犯したりする場合もありますが、基本としてはそういう考えで努力していると思うのです。

これが、われわれ国民として、一番考えねばならない問題だと思います。お互いが自分を愛するように国を愛し、国を愛することによって自分もそこに幸せが築かれていくということです。それをお互いに盛り上げていくことが、国民としての大きな使命ではないかという感じがするのです。

みずからを知って

日本の二千年の歴史は

さて次に考えてみたいことは、われわれ日本人についてです。日本人というのは、この日本の国の気候、風土によって醸成されたものだと思います。長年にわたって気候、風土の影響を受け、それによって日本人の性質、日本人気質というものが生まれたのだと思うのです。日本人は利口にして賢明な国民だといわれていますが、もしもわれわれがそっくりこのまま熱帯地方へ移住して、何十年かすごしたならば、あるいはこれだけ勤勉な国民ではなくなってしまうかもわかりません。気候、風土というものが、人間をつくり出すことに大きな役割を果たしているのです。しかも日本人は、二千年の長き歴史、伝統をもっています。これは日本の非常にすぐれたところではないかと思います。

日本のこの二千年の歴史を顧みますと、非常に多くのものを外国から取り入れ、そして、日本としての主座を失うことなく、それを自分のこやしとして活用しつつ発展してきています。二千年前に、その当時の先進国といわれた国はどこかというと、それは中国、ギリシャ、あるいはエジプトでしょう。その時分の日本は、いわば開発途上国のような状態にあったと思います。それが二千年の間に、そういう先進国であった国は今は先進国ではありません。しかるに日本は、だんだんと成長して、ついに今日の状態を築き上げました。そして、今や先進国の一員になって、先進国のうちでも指導的な立場に立っていきつつあるのです。これがわれわれ日本民族の生きた姿です。

こういうことを考えるとき、お互いが国のために、お互いのために何をなさねばならないかという気持ちが、自然に湧いてくると思うのです。しかし、今日、そういう考えをもっていない人も一部にあります。この日本をつまらない国だという人もあります。また、過去の歴史はよくないという人もあります。たしかに、二千年のうちには、立派なことをした時代もあれば、ときには誤ったことをした時代もありましょう。しかし、二千年を通じて考えてみますと、日本民族は、「和をもって貴しとする」ことを中心として、一歩一歩前進してきたのです。それが今日の姿です。そのいいところをみずして、悪いところだけみるということはあり得ないと私は思うのです。

金を銅とまちがえては

ところが、今日ではややもすると、お互い日本人がそのすぐれたものを忘れがちになっているのではないでしょうか。みずから金《きん》をもちながら、それを銅と見誤ってはいないでしょうか。金を金として認識することが大切です。金を銅とまちがえてはいけません。われわれは金である。しからば、金にふさわしい活動をし、考えをもつ、そういうことが必要ではないかと思うのです。

この前の戦争がなぜ起こったかというと、ひとつには日本が自己認識を欠いたところから、自国の認識を誤ったところから起こったのではないかと思うのです。私は一番大事な問題は、自己を知ること、日本を知ることだと思います。日本の本当の価値、日本人の本当の価値というものを知ることだと思うのです。まずみずからを知って、それから日本の経営が始まらなければなりません。

日本を知り、日本人を知って、しからば日本の国民の生活、活動、国家経営はどうあるべきか、と考えていかなくてはならないと思います。それをぬきにして考えては空回りになってしまいます。そして、あのような大きな誤った戦争をすることにもなってしまうわけです。

今、日本は非常に大きな転機にきていると思います。この転機をはっきりと認識し、そしてより正しい日本の歩み、日本人の歩みというものを生み出していく、そこに今日の日本人の大きな責任があるのではないかという感じがします。

なぜ傍観者が出てきたか

肝心な精神面を放棄して

たぶんみなさんも見聞きしておられるでしょうが、昨今の世相をみると、不正をみても知らん顔をするといった、いわゆる〝傍観者〟がたくさん出てきているようです。なぜそういう姿が出てきたかというと、それにはそれなりの原因があると思うのです。

終戦後、政府というか、指導者の立場の人が、日本の再建に努力されたことはよく承知しています。しかし、日本人として何が正しいか、何を考えねばならないかという、一番肝心な精神面を放棄していたように思うのです。われわれは何といっても日本人であって、日本人である以上は日本の伝統は非常に大事なものです。ところが、その伝統を教えてはならない、いわば歴史を教えてはならないという教育の仕方を、戦後の日本はしてきたわけです。これは非常に誤っていたと思うのです。

かりにあなたの先祖代々を考えましょう。あなたの先祖代々は、極端にいえば何千年も何万年も続いているわけです。しかし、それはしばらくおいて、十代をさかのぼってみます。その十代の中には、立派な社会人として、あなたが聞いても、先祖の二代目の人はこんなことをしたのだな、三代目はこういうことをしたのだな、とあなた自身も非常にほほえましい、そこに誇りを感じるという人もあるでしょう。しかしなかには、五代目か六代目には、あまり感心しない人もいたかもしれないと思います。

けれども、それをみて、三人の立派な人がある、二人のちょっとまちがった人がある、その三人のいいことをした人のことを少しも頭におかず、ちょっと感心しない二人の人のことだけを考えて、オレの先祖はあかん、オレの先祖はだめだということは、あなたとしては言わないと思うのです。どちらかというと、二人のあまりよくない人のことは伏せておいて、三人のいい人のことをあなたは語ってみたいだろうと思います。

また、そういうことを語ることによって、あなたの子孫の教育になります。「うちの先祖のだれとだれはこういう社会的な貢献をした人だ。おまえも大きくなったらそういうようにならないといけないぞ」と言えば、よき教育になります。しかし、そういういい人のことを言わずに、ちょっと悪いことをした人があったら、その悪い人を引っぱり出して、「うちの先祖はこういう悪いことをしていた。おまえもやれよ」そんなことは言えません。これは個人でもそうだと思うし、国またしかりだと思うのです。

教育を考え直す必要が

ところが、戦後はどう言ってきたかというと、悪い人のことだけ引っぱり出して、いいことをした人を隠しています。それを教えてはならないというのが戦後の教育だったのです。

いわゆる「忠臣蔵」というものがいいか悪いかということについては議論がありますけれども、あれはやっぱり歴史の一コマです。あれは犬や猫ではできないことです。やはり当時としては誠実にひとつの道義に従ったわけです。だからそれなりに好ましいことです。好ましいということは立派なことだと思うのです。だから、そういうことも歴史の一コマとして語っていいと思うのです。

しかし、そういうことは教えてはいけない、芝居にするのもいけないといって一時は禁止されたのです。極端な例をあげると、そういうことです。だから、教育の面に非常に弱いものが出てきました。みんなが自己中心になってきています。歴史で立派な人といいますと、何らかの形において自己を犠牲にして、社会のために尽くしています。そういうことを教えないわけです。これが私は今日の傍観者が出てきたひとつの大きな素因をつくっているのではないかという感じがします。

そういうことから考えてみますと、現在の教育のあり方を根本的に考え直す必要があります。教育が大事なものだと思うのは、白い紙を持ってきて、何も知らない幼児に「この色は黒い色だ」と教えたら、その教えられた子どもは白い紙を黒いと言います。教え方しだいで自由自在になるわけです。基礎的な良識を正当に教えられた人については、たとえまちがったことを教えても、自己判断力によって判断しますから心配ありませんけれども、何も染まってない幼児の時分に、「こういうことが正しくて、こういうことが悪いのだ」と言ったら、そのとおりになります。これは非常に大事な問題だと思うのです。

その教育が、国民の将来について、過去を振り返って教えているかどうかというと、私はそこにある種の意図が入っていたと思うのです。その意図とは、アメリカが、将来日本はこうあってほしいと、勝利者として望むところがあったと思うのです。その望むところに従って教育してもらいたいというのが、勝利者の意見だったと思うのです。

悪意とは考えませんけれども、将来日本はこういうような国民になってもらいたいという意図があった。その意図に基づいて教育されたのが今日の青年ではないかという感じがするのです。ここに私は根本の問題があると思います。われわれはこれを日本人みずからの意図に基づく教育に変えなければならない、という感じがするのです。

伝統の上に新しいものを

日に百転の進歩が必要

教育のあり方を変えなければならないということと直接関係はありませんが、今日は非常にテンポの速い時代で、きのうやっていたことが、きょうはもう許されないとさえいえるような面も出てきました。三年一日のごとくということはもう許されない。まして十年一日のごとくは許されないといえます。これはお互いの仕事の上においてもそうでしょうし、国の姿においてもそういえると思います。

〝君子は日に三転す〟ということばもあります。「君子というものは、朝考えたことも昼になればもう変わってしまう。昼は朝考えたことと違ったことを考え、違ったことを言わなくてはならない。昼考えたものは、晩にまたさらに変わっている」こういうことを二千数百年も昔に中国の賢人は教えているわけです。それだけ君子は進歩が速いということも意味しているのだろうと思います。

それで、二千数百年前の君子は日に三転ですが、今日の君子は日に三転ではもう間に合わなくて、今日は日に百転する、刻々に変化していくことをつかんでいかねばならないと思うのです。

ところが日本の議会の姿をみていると、十年一日のごとき状態です。議会におられる方がたは、国民の代表としてすぐれた人びとでなくてはならないから、国民全体からみると君子ともいうべき人びとが集まっておられるだろうと思います。したがって、そういう人びとの会議のテーマなり内容は、日に三転はおろか百転するぐらい進歩しなくてはなりません。一般の国民が十日間かかることなら瞬間にできてしまう、という状態でなくてはならないと思うのです。しかし、日本の議会は必ずしもそうではありません。十年一日のごとき状態が続けられています。

本当に革新的であれ

先般、私はある労働組合の幹部の方がたと話をしました。いろいろな話があった中に、この話をしたのです。「みなさんは、名は革新だけれども、十年一日のごとくやっておられる。非常に残念に思う。みなさんは進歩的でなくてはならない。だから、本当に革新的なことをお考えにならなくてはならない。しかるにみなさんは、名は革新であるけれども、やっていることは十年一日のごとく同じことをやっておられる」こういう話をしたのです。私は一本やられるかなと思っていたのですが、そうではありません。「わあー」とみな大笑いです。大笑いということは、そのとおりだと認めておられるように思うのです。みなよく知っているのです。よく知っているけれども、さてとなるとなかなかできないわけです。

お互いの仕事の上でも、こういうことをやっていてはいけないな、もっと進歩したことをやらないといけないなということを、お互いによく知っている。知っていても、さてとなるとできないのです。それはやはり勇気が足りないというか、信念的なものをもっていないというか、惰性のままに仕事を進めているのです。しかしそういう状態があるとすると、これらは今日の時代には向かないと思います。今日の時代は、長き伝統の上に立つのはいうまでもありませんが、その伝統の上に新しいものを芽ばえさせ、生み出していくことが大切ではないかと思うのです。

古い器に新しいものを盛るということがありますが、伝統は古いほどいいと思います。しかし、その古い伝統を古いままにしておいてはならないと思うのです。古い伝統に新しい時代性を生かしていくのです。伝統をたち切って、根なし草のような花を咲かすのではありません。それは一夜にして枯れてしまいます。そこには、本当の意味の生命はないと思いますですから、伝統はどこまでも尊び、守りぬかねばなりませんが、しかしその伝統の上に新しいものが生まれてこない、生きてこないとするなら、伝統は伝統として誇るべきものをもたないということにもなると思うのです。

今後の日本の役割は

昭和維新の志士として

今、革新ということばを使いましたが、今から百年ほど前には明治維新というものがありました。それによって日本は、長年の封建制度から新しい文明開化に移ったのです。その維新の開化はだれがやったかというと、これはみなさんもご承知でしょうが、〝維新の志士〟といわれる人たちです。維新を遂行し、文明開化を招来する努力をされた若き〝維新の志士〟といわれる人です。

その人たちは自分のことを忘れ、また家庭を忘れて、ひたすら国家国民のために新しい時代をつくり上げた人びとです。そういう方がたの努力、犠牲によって、日本は見事に維新の大業が成り、開化したわけです。そして、その後百年の間にはいろいろな問題があったとはいえ、一応それらをみなのり越えて、日本の姿が世界各国から認識され、高く評価されるようにまでなってきたのです。

しかし、今日にいたって日本はまたひとつの大きな転換期を迎えているように思います。日本ばかりではありません。目を転じて世界をみてみると、世界の情勢は必ずしも安定しているとはいえないと思います。

国によっては非常に繁栄している国もありますが、しかしなお繁栄していない、生活の困難な国、一部の人が餓死していくような国もあります。また先進国といわれる立派な国においても、必ずしも安定しているとはいえない状態に変化しつつあります。いわば世界は非常に混迷しているといっていいと思うのです。

そういう情勢を考えるとき、私は今は〝昭和維新のとき〟であると考えねばならないのではないかと思うのです。昭和維新とはどういうことかというと、それは日本の建て直しとともに世界の真の開化に努力するときだということです。明治維新は日本の開化であった、昭和維新は世界の開化に努力する時期である、こう思うのです。

明治維新は日本の青年の熱意、国を憂える志士の方がたによって、見事に開化したのですが、昭和維新は日本の開化ではありません。世界の開化です。世界の開化に向かってわれわれ日本人は何をなすべきかと考えてみると、昭和維新の志士の役割を日本が引き受けなくてはならないと考えてはどうかと思うのです。日本のすべての人が、あるいはその中の有志の人が、昭和維新の志士を買って出なくてはならない。そして日本とともに世界の開化をはからなければならない。そして世界人類の繁栄と平和のために尽くすべきである。こういうように考えるところに、今後の日本の大きな役割があるのではないかと思うのです。

すべての人が自力更生で

政府の金はどこから

いろいろと日本と日本人についてお話ししてきましたが、おわりにもうひとつ、大事なことをお話ししておきたいと思います。それはどういうことかというと、まず私は、もっと日本人は経営の上にも、また勤労の上にも、働きを合理化して、より多くの所得、収益をあげるようにしなければいけないと思うのです。収入をもっとふやさないといけません。そうしなければ、政府としては資金が不足して何もできないだろうと思います。

ところが政府はどう言うかというと、大企業でも中小企業でも行きづまるところは助けましょう、農村も漁村も助けましょう、社会保障もいたしましょう、みんないたしましょうばかりです。そんなことはできません、とはほとんど言いません。何でもやりますと言うのです。

しかしそのお金はどこからくるかというと、われわれ国民が働いて得る収入から、税金として納めるわけです。そうすると、われわれの働きがだんだん少なくなったら政府は何もできなくなります。ところが政府が何でもいたしましょうと言うので、われわれ国民は易きにつきやすいものですから、政府が何とかしてくれるだろうと、すぐに政府を頼りにするのです。頼ってはならないところを、頼りにするわけです。これはどうも私にはわからないところです。

もちろんそんなことを言う政府自体もおかしいと思います。今かりに私が総理大臣になったとしたならば、「国民のみなさんが働かなければ政府は何もできません。みなさんが働いて儲けてくださるなら、その税金で、助けるべきものを助け、なすべきことをいたします。道路もつけましょう。けれどもみなさんが働いてくださらなかったなら、政府は金のなる木があるわけでもないから何もできません。もっとしっかり働いてください」とでも言いたいところです。

ところが政府はそれを少しも言いません。もっと働けとは言わないのです。何とかします、何とかお助けしましょう、社会保障をふやしましょう、とばかり言います。すると大きな会社も小さい会社もみんな政府に金を借りに行きます。これでは日本はうまくいかないと思います。

国民を叱ることが必要

私は総理大臣というものは、新しく就任したならまず国民を叱らなければならないと思うのです。今は国民を叱る人がだれもいないのです。国民に対してご機嫌をとることはしても、国民を叱ることはないのです。だから国民は甘え、他を頼るようになる。それが経済の上にも、政治の上にもだんだん行きづまりが出てきた原因だと思います。

今は亡きジョン・F・ケネディがアメリカの大統領に就任したとき、その第一声は何を言ったかというと、「国民のみなさんは、今は国に何をしてもらうかということを考えるべきではない。みなさんが国のために何をなすべきかを考えてもらわなければいけない」こう言っているのです。ケネディは偉いと思います。

しかしこれは当たり前の話であって、日本の総理大臣も、就任したなら、「私は総理大臣になりましたが、みなさんは私に求めてはいけません。みなさんは国に対して求めるよりも、国のために何をなすべきかをお考えいただきたい。そうしないと日本はよくなりません」こういうことを言うべきです。ところがそういうことはほとんど言いません。そこに日本のひとつの姿があらわれていると思います。

考えてみると、今大事なことはいろいろあります。大事ですけれども、全部それを他に頼って事をなそうとしています。しかし、みずからの責任を自覚し、政治も経済も教育も全部自力で行ない、そして他を生かし、その後で協力してもらう、という形でないといけないと思うのです。子どもたちの成績がよくなければ、親は先生が悪いと言い、先生は先生で家庭が悪いからだと言うことになるのです。そこで対立するというわけです。

〝自力更生〟ということばもありますが、私は今すべての人が自力更生でいかなければならないと思います。そしてそのためには、まず〝精神の自力更生〟をはからなければならないと思うのです。

第七章　正しさを求めつつ

もっと勇気を

本当の勇気はどこから

先般、あるところで話をしていたら、この頃の人は、どうも勇気がない、もっとお互いに勇気を出そうではないか、という話が出ました。そこで、それでは勇気というものはどういうときに生まれるのだろうかと、お互いに話し合ったのです。

生まれつき勇気のある人もいます。生まれつき勇気のない人もいます。これは生まれつきですからどうすることもできません。けれども本当の勇気は、生まれつきということを超越して生まれるものだと考えられます。

つまり、何が正しいかということに立脚したときに、はじめて本当の勇気が湧くということです。

だから、生まれつき勇気のある人はまことに結構であるし、偉い人にちがいないけれど、その勇気は比較的小さいものである。本当の大きな勇気というものは、〝このことは許されない、このことは断じて許すことのできないものである。なぜかというとそれは正しからざることである〟そういうことに立脚して事を起こさんというときに、はじめて本当の勇気が出る。これは生まれつき勇気のない人でも、そういう場合に立ったときには本当の勇気が出る。こういう結論になったのです。

これはみなさんとしてもいろいろ経験があるでしょうが、私も、あの人は何か心弱いような人だなと思う人でも、うまくやっている人があることを知っています。それで話を聞いてみると、「私はこういうことが正しいと思うから、これだけは譲らないのだということでやっているわけです」と言う。

そして、その人の言うとおり動いていっているのです。つまり、外見は勇気がなくビクビクしているようであるけれども、心は強いというわけです。心が強いのはなぜかというと、彼は常に何が正しいかということを考えているのです。それに立脚してものをみている。だからそこから勇気が湧いてくる。そうでなければ勇気があっても、それは生まれつきにある勇気で、弱い。本当の勇気にはならないだろうと思います。

坂本龍馬の知恵と勇気

大政奉還が成功したのは

勇気ということで思い出しましたが、みなさんは坂本龍馬という人をご存じだと思います。以前私は、時間があると坂本龍馬のテレビドラマを見ていたことがありますが、坂本龍馬は非常にすぐれたものをもっていたようです。彼は三十二、三歳で不慮の死をとげたのですが、そういう短い人生においてあれだけの成果をあげたということは驚くべきことだと思うのです。が、問題はなぜあれだけの知恵と勇気とが出たのかということです。

天性そういう知恵と勇気をもって生まれていたという見方もありましょうが、私はそれだけで事を断じてはならないという感じがします。彼は当時として、真に日本のために、国民のために何が正しいかということを、彼なりに本当に追求していったのだろうと思うのです。そして、得た答えが彼の行動になってあらわれたと思うのです。そういうものをもたずして、単なる知恵、才覚、勇気だけであれだけの仕事はできません。

ああいう浪々の身、あるいは志士という危険な立場に立って、しかも彼は堂々と大政奉還ということを考え、推進しました。当時の十五代将軍、慶喜公の立場からいうと、自分は政権をもっている、しかし天下の形勢は変わりつつある、だからこれを天皇に返そう、大政を奉還しようと決意するだけでも、これは容易でないと思うのです。

そういうことをやれば必ずそれに対して反対があります。幕府を支えている大名もたくさんあります。また旗本もいます。そういう人たちの中には、大政を奉還してはいけない、何とかして徳川幕府を維持していって、国家の安泰をはかることが正しいのだと考える人も多かったと思います。そこに相当の反対があったと思うのです。それでも、勇気があれば、やはり奉還しようと決意できないことはないと思います。十五代将軍はそれをやったのです。

一方、坂本龍馬は一介の浪々の身、一介の志士としての立場に立って、将軍に大政を奉還させよう、それよりほかに日本が救われる道はないのだということを彼は彼なりに決意し、将軍に近づくこともできない自分の立場から、どうしてそれを将軍に決意させるかを考えて、そしてそれに取り組んで、見事それに成功したのです。これは坂本龍馬一人の力ではありません。けれども、その発意者は坂本龍馬だったと思います。

そういうことを考えてみますと、やはり本当に国のために、国民のために、社会のために、何が正しいかということを考えて、そして、やろうというところに、私は知恵、才覚というものが生まれてくるのだと思うのです。そういう境地にいたらなくしては、知恵、才覚というものは本当に生まれないと思うのです。普通の知恵は生まれるでしょう。しかし、本当に偉大な知恵というものは生まれないと思うのです。

そういうことを考えてみますと、今日本人お互いが、真に国家の大事に直面したことを自覚して、それに対して何が正しいか、何をなすべきかということを深く考えれば、きのうまで考えつかなかったことも、きょうははっきりとこうしたらいいのだなとわかる知恵も生まれ、またそれを遂行しようという勇気も生まれてくると思うのです。

そういう知恵や勇気は、決意というか、大事を知るというか、そういうことに直面して、なおやろうとするときにはじめて生まれるものだということを、私は坂本龍馬のテレビドラマを見て感じたわけです。

意気に燃えて

断固行なうという信念を

ところで、みなさんは精神力というものをどれほど強くもっておられるでしょうか。世の中には、ずいぶん広い知識をもっている人がたくさんいます。ところが、そういう人は知識を豊富にもっているから何事においてももうまくいっているかというと、必ずしもそうではありません。やはり知識を行使する精神力というものをもつことが大切だと思います。

もちろん、知識はもたずに精神力だけでやるというのでは、これまた必ずしも完璧とはいえないでしょう。両々相まってというか、知識とそれを遂行する精神力とがともにあってこそ、はじめて成果もあがってくるのではないかという感じがします。

それでは、そういう精神力は、いったいどうすれば生まれ出てくるかということです。これは、ひとつには、その人がもって生まれた特質としてそういうものがあれば、これは非常に結構です。学校にいる間でも、卒業しても、あの男はどことなくしっかりしている、どことなく頼りになる男だ、ということを友だち同士の間でも感じるでしょう。

そういうものをもっている人は、その知識を十分に行使していけると思います。けれども、それをもたない人、知識をもつだけでその行使の仕方を知らない人、そういう人も相当いるのではないかと思います。

みなさんが会社へ入ってきた場合、会社としてどういうことをみなさんに要望したらいいかというと、いろいろあります。日常の仕事を立派に行なうことも大事です。しかし、ひとつの会社の社員となった以上は、事にあたって断固これを行なうという信念的なものを養ってもらいたい、ということがあると思うのです。そういうものがないと、なかなか成果をあげることはできないのではないかと思います。

たとえばみなさんが、あるひとつの仕事を担当するという場合に、自分はこの仕事を引き受けたのだから、これを何としてでも成功させてやろう、とこういう意気に燃えるかどうかということです。もしみなさんにその意気がなかったとしたら、とてもその仕事はうまくやれないと思うのです。

本当の仕事ができる人は

再び私どもの会社のことで恐縮ですが、私が長らく経営に携わった上から考えてみても、やはり私どもの会社にそういう意気があったことが発展に結びついたと思います。〝何とかしてこの仕事を遂行しよう。これは社会的にみても有意義であるし、会社としても有意義である。だからこれを力強く進めていこう〟そういう意気が、社長はじめ幹部、そして会社全体にみなぎっていたように思うのです。

これは、どこの会社でも同じことです。「あの会社はそういう意気をもっている。遂行力をもっている。信念がこもっている。だからあの会社なら新しい仕事を必ずやりとげるだろう。成功させるだろう」というように、よく話し合うことがあります。確かにそういう会社は、ひとつの新しい仕事を始めても必ず成功していきます。

それでは、そういう会社にはすぐれた人ばかりが集まっているのかというと、必ずしもそうとはいえない場合もあると思います。それでも、やはりその雰囲気に入ると、それぞれがその一分子として相当力強く仕事をやっているわけです。会社全体に信念的なものが湧き上がっていると、だれもがそれを吸収して、みなが知らず識らず、そういう雰囲気でものを考えるようになってくるのです。したがって、それぞれの遂行力が相当強くなってくるわけです。

みなさんの会社も、やはりいろいろな仕事をしなくてはならないし、いろいろな使命もあるでしょう。けれども、それを遂行するのはやっぱり人です。みなさんです。そのみなさんがどうあればよいかというと、そういう信念の人であることが大切だと思うのです。自分の仕事と取り組んでこれに命をかける、ということは今日あまり言いませんが、しかし実際はそういう心意気に燃える人でなければ、本当の仕事はできないのではないかと思うのです。

そういう人であれば、自分がもっている知識を、必ず百パーセント行使することができると思います。その意気がなければ、もっている知識も百パーセント行使することはできないでしょう。せっかく知識をもちながら、その三十パーセントしか行使することができないという状態にもなろうと思います。

ですから、ひとつの課なら課をみても、課長がそういう意気に燃えている人であれば、課員全体がその課長の燃えるような意気を知らず識らず受けて、そして物事をみ、物事を遂行するようになると思います。そういうところに、非常に強いものが生まれてくると思うのです。

働くことの目的は

尊い生産の使命を果たす

さて、みなさんがそういう意気に燃えるためにも、ここで、お互いが働く目的は何かということについて改めて考えてみたいと思います。人間はだれしも、身も心も豊かな繁栄を願っているわけですが、その繁栄というものは、他から与えられるものでもなく、またじっとしていて得られるものでもありません。やはりそれはお互い人間の努力によって得られるものだと思うのです。

したがって、たとえばある会社が、人並み以上の仕事をすることができず、そしてできた品物も悪い、勉強はしないというようなことであれば、その会社には決して繁栄は生まれないと思います。繁栄は他の会社に移ってしまうでしょう。けれども、他の会社も勉強するが、その会社もそれに劣らず勉強するという姿が続くなら、そこにその会社の繁栄が生まれるわけです。その繁栄から会社の設備も充実するし、また従業員の待遇をよくすることもできるのです。

そしてその力は単に会社の内にとどまらず、今度は広く社会全体の繁栄に貢献することにもなるわけです。そういうところに、お互い人間として、産業人として働く意義というものを感じなければならないと思います。そういう意義を感じなければ、働きがいもないでしょう。

給料が高いから働くということもあるかもしれませんが、しかしそれは人間として最高の姿とはいえないように思います。犬であればパンをくれるからついていくといった姿でしょうが、人間は、もちろん待遇も一面に必要ですが、ある場合には待遇いかんにかかわらず、人間としての本分を尽くそうといった力強いものがあります。そこに、人間のひとつの尊さがあるわけです。

いまかりに物をつくる会社があるとすれば、この会社が百円でつくった物を百十円で売ると十円の利益を得ます。それはそれで正しいことだと思います。しかし、利益をあげるだけのためにその会社を経営しているかというと、本当は決してそうではないと思います。その会社には、本来、利益を超越したもっと大きな尊い使命があると思うのです。それは何かというと、いろいろな物をつくって世の多くの人たちの生活を日一日と高めていく、ということです。そこに〝生産の使命〟というものがあるわけです。

その尊い生産の使命を果たしていくためには資金が必要です。だからその資金を、利益という形において世間から頂戴するのです。そしてその資金でさらによりよき生産を進めていく。そういう尊い使命があるからこそ、利益を求めることが許されるのです。

人間としての使命を

もしかりに会社が、単に儲けるために経営をするというのであれば、それは、まことに力弱いことであり、そこからは偉大なものは生まれないと思います。けれども、会社というものは本来、利益を得る以上の尊い使命をもっているのです。すべての会社、すべての人がそういうものをもっているのです。そのお互いがもつ尊い使命、仕事を遂行するために、お互いは健在でなくてはなりません。そのためには、いろいろな物資も必要です。それを得心の上で社会から与えていただこうというのが利益です。

だから会社に働くみなさん個々人としてもそのとおりです。給料をもらうということは、最高の目的ではないと思います。働くことの最高の目的はもっとほかにあるのです。人間としての使命、また産業人としての使命、さらに具体的には社員としての使命、そういうものをよりよく遂行することによって社会の繁栄に貢献することもできるし、また自分自身の繁栄もそこに約束されます。その約束されるところのひとつの糧として、給料というものがそこに許されているわけです。

給料をもらわなければ生活していくこともできないし、尊い使命を果たしていくこともできない。食べなければ生きていくことさえできない。こういうことになるのです。

それは会社としても同じことなのです。社会から適正な利益を頂戴することはお願いするが、その利益は無意味に使うわけではありません。その半分以上は税金、配当などの形で社会に還元しています。そして残りは、よりよき再生産のための資金として使っていくのです。その一部は従業員の生活の向上へ回す、一部は設備へも回す、というわけです。そうして、そのように利益が生かされていくところから、お互いの社会生活は全体として、国民全体、社会全体として向上していく。こういうことのために、会社は大きな役割を受けもっている、と解釈できるわけです。だから会社の経営は単なる私事でなく、公事なのです。

そういう考えからみると、その会社の社会に対する貢献が多ければ多いほど、それは報酬として、利益として返ってきます。しかし、いくら儲けたいと思っても、その利益に相当しないような仕事をしていたならば、しだいにそれは社会から削られていくことになるわけです。

だからお互いの実力というか、お互いの働きが社会から喜ばれないような状態であれば、社会からの感謝の報酬ももらえないということになります。これはもうきわめて簡単なことだと思うのです。

采配をふる

信長は世論に反して

ちょっと話は変わりますが、昨今、不況ということでいろいろ困難な面が起こっています。こうした不況にどう対処していったらよいのかということですが、ひとついえると思うことは、こういう不況にあまり執着し、とらわれてしまうと、かえって物事がむつかしくなるのではないか、ということです。だから、不況にとらわれてしまうのでなく、静かに不況をみつめる。そうすると、不況に対処する道も案外出てくるのではないかという気もします。

よくわれわれは、進退ということをいいます。人間は進退が非常に大事で、退くべきときには退き、進むべきときには進む、それが適正でない場合には過ちを犯す、ということです。そこで今、この不況に対して、どういう手をとるかということです。進退というのは、単にやめるとかやめないとかいうことでなく、どういう采配をふるかという問題です。それが進退です。そういうことができるかできないか。それが随所にできなければいけないわけです。

例になるかどうかわかりませんが、今日、世論に従うということがあります。世論は大事なもので、政治家といえども世論にさからうことはできない。だから世論に従っていけばまちがいない。これは、平時にあってはそうだと思います。

しかし、織田信長は、桶狭間の戦いに際して世論に反しました。そのときの国の世論は全部、籠城《ろうじょう》だったのです。二万の大軍をわずか二千の兵で迎えうって、平地で戦争したら、これは負けるにちがいない。しかし籠城してもちこたえていれば、どういう味方があらわれるかもわからない。だから、負けるに決まっている平地の戦争をやめて籠城しよう。これがそのときの世論であったわけです。つまり、すべての家来の人びとの世論は、籠城して時をかせごうというものだったのです。

ところが信長は、その世論に反したのです。その世論に従わなかったのです。「そうか、そう言うのだったらおまえたちはそうしろ。わし一人だけで行く」と言って一人打って出たのです。これは世論に反しています。しかし、そういう進退というものが、信長にはわかっていたわけです。世論にはわからなかったのです。「それはだめだ」と思っていたのです。信長一人だけは、「籠城したらもう負けるにちがいない。勝負は時の運、一ぺんやってみよう」ということでやった。それがあたったわけです。信長は世論に反して、勝ったのです。

決めるのが経営者

そういうひとつの例をとってみても、やはり会社の経営者というものは、おおむね世論に従い、世論の上に立って采配をふっていくことはよいけれども、ときには世論に反してやるということも必要だということです。それが、みえるかみえないかという問題です。これは非常に大事なことです。だからわれわれは、平時にあっては、常に世論の上に立ってやってまちがいない。しかし、非常時にあっては、世論に反して行動することもあり得るということです。その時に立ってものを考え、決心しなければならないわけです。

その決することができない者は、私は経営者としてふさわしくないと思います。経営者というものは、決することだけです。軍師は戦《いくさ》の方法を知っているわけです。しかし、戦をするかしないかということは、これは大将が決めることです。やるかやらないかは軍師では決まらないのです。大将が決めなければしようがないのです。大将が戦をすると決めたら、それでは一番効率的な戦をするにはどうしたらよいかということを、軍師が考えるわけです。

かつてソ連のフルシチョフ首相がキューバにミサイルの基地をつくったとき、アメリカのケネディ大統領はどう言ったかというと、「そういうところに基地をつくってもらったら困る。だから撤去してもらいたい。撤去してもらわなかったら、何日までに、自分の手でこれを撤去する。よろしいか」と言ったわけです。これは戦をするかしないかを決したわけです。そうしたらソ連は撤去しました。一兵も損せず、一弾も費やさずに撤去させることに成功したのです。その決意をすることだけがケネディの役です。

もちろん、そう決意しても、相手が引き下がらない場合もあります。そのときは戦になります。そのときに上手に戦をするのはケネディではありません。今度はケネディのもとにいる国防長官がやればいいわけです。しかし、それを撤去させるということは、ケネディが決めるわけです。幸いにして、一兵も一弾も費やさずして勝っています。

私は会社の経営者というのは、そういうものだと思うのです。大事に処して意思決定できない者は経営者ではない、こういう考え方をはっきりと常にもっていないといけないのです。平時には、部下が「これどうしましょう」と言ったら、「君のいいようにしたまえ」と言ってもかまいません。しかし、大事の場合には、経営者が決めてやらないといけないのです。その心構えを常に養っておく必要があります。常に養っておかないと、それができないのです。大事に及んで迷うわけです。常に養っておくと、人事に及んでも即座に決することができると思うのです。

こうしたことは、会社の経営者だけでなく、みなさんそれぞれの立場でも考えておくべき大切なことだと思います。

第八章　きびしく生きる

失敗をしない方法

なぜ失敗をするのか

みなさんにもご経験があるのではないかと思いますが、われわれは物事がうまくいかない場合、とかく自分自身で、こういう点があるからうまくいかないのだ、ああいう原因があったからだ、とよく考えます。これは、一面そのとおりであって、それぞれ原因があります。しかし、本当は、そのいろいろな原因も、事前に察知して、それを除去することに成功していたならば、成功の姿が次つぎとあらわれているはずです。

後になって、この点は失敗だったとか、この点がよくなかったということは、やはり事前に遠い先ざきの慮《おもんぱか》りがなかったというところに原因があると思うのです。私自身にしても、非常に反省したことがあるのです。そのひとつは、以前、私どもの会社で五カ年計画というものを発表したことがあるのですが、その発表のときに、社員の訓育ということをあわせて具体的に考えなかったのです。五カ年計画を発表するにあたって、それを実現するためにはどのくらいの工場を建てなければいけないかとか、人はどのくらいふやさなければならないかとかは一応考えに入れていました。けれども、徹底的に社員の訓育に取り組むという具体策を同時に立てなかったのです。それで、その点が後で非常に悔やまれることになったのです。

こう考えてみると、すべて物事は用意周到に計画を立てていったならば、いわゆる失敗というものはほとんどないといってもいいと思うのです。ところが実際には次つぎと失敗があるというのは、これはやはりなすべきことを十分に考えていない、また考えてもなすべきことをなしていないというところに、多く原因があるように思うのです。だから、反省すべき点は他に求めずして、自分にあると考えねばならないと思います。

たとえば、ある会社なり商店が、競争が激しいから非常に経営が困難になった、と考えたとします。これは、その会社なり商店が、やはりなすべきことを十分になしていないから、困難を感じるのではないかと思うのです。なすべきことさえ十分なしておけば、競争が激しければ激しいだけ、かえって高く評価され、お得意が集まってくることになると思います。お得意が集まらず逃げていくというのは、やはりお得意を集める実力というか魅力に欠けるところがあるからそうなるのだと思うのです。

真の原因はどこにあるか

われわれは、物事がうまくいかなかった場合、ああいうことがなかったらうまくいったのだといって、お互いになぐさめ合います。これは人間としてやむを得ないことであり、またそれもある程度必要でしょう。しかし、なぐさめ合うだけではいけないのです。それと同時に非常に深い反省をして、こうなった原因はどこにあったか、ことごとく自己にあるのだ、というように考えなければならないと思うのです。

十分反省しつつやっていけば、大きな失敗は絶無になるといってもいいと思います。そう考えてみると、たとえば会社がうまく発展しないというのも、いろいろ原因がありますが、その原因は真の原因ではなく、真の原因は自己反省の足りないところ、また自己反省しても適切なことを考えられないところにあるわけです。これは、みなさんご自身の仕事の上においても、そう考えることが必要ではないかと思います。

とかくわれわれは、自分に都合のいいような解釈をしたがるものです。あれは予期しなかったことであって、これはもう自分でも仕方がなかった、というように考えて、自己慰安をするものです。一面にそういうことも必要ですから、それが全面的にいけないとはいいません。それはひとつの慰安になり、そこに勇気が出て、再出発するきっかけにもなっていくわけです。だから、そういうなぐさめのことばをみずからつくり、またそれを他にも与え、お互いにその悩みを解消し、新たな気分になってまた仕事に取り組むということも必要です。

けれども、それだけではいけないと思うのです。もうひとつ深く反省して、なすべきをなしていたなら、今こういうことを話し合う必要もなかったのだ、ということを考えねばなりません。それを深く反省し、気づくか気づかないかが、スムーズに発展するかしないかということに結びついていくのではないかと思うのです。

事業というもの、仕事というものは、つまずくことはあり得ない。それがあるということは、それにふさわしい時々刻々の反省、用意周到さに欠けるところがあるからだということを、お互いにはっきりと自覚してやっていくことが大事だと思います。そうすれば失敗は半減すると思うのです。

もちろん、絶対に失敗しないということはあり得ないと思いますが、三べん失敗するところが一ぺんですむ、ということになると思います。いかにすぐれた人でも、瞬間瞬間に神のようなよき知恵が湧くものではないでしょう。やはり、それだけの用意周到さをもって、ものを深く掘り下げて考え、そして自分はこう思うが、なお多くの人はどう考えるか、自分の考えが人に受け入れられるかどうかということを考える。そして再三再四、自分の考えに誤りがないか足らざるものはないかと、くり返し反省していかなければならないと思うのです。

そういう点に熱意をもち、努力を重ねたならば、私は物事というものはあまり行きづまることもないのではないかと思うのです。

命をかけて

困難をつきぬけていく

失敗をしない方法はわかったが、ずいぶんきびしいなとみなさんは感じられたかもしれません。しかし私は、そういうきびしさの中に人間の本当の生き方があるのではないかとも思うのです。お互いが、自分の仕事に命をかける、命をかけて仕事をする、そういう心境を味わっていくところに、自分の使命、生きがいというものを感じるのではないかと思うのです。

みなさんが今、産業人の一人として立っておられるとするなら、みなさんはその産業人の一人として命をかけて仕事をしておられるでしょうか。

ただその日その日を無為にすごしている、単なる労働をしているというのではなく、自分の仕事に産業人として命をかけるのだという考えをもっているかどうか、ということです。私はみなさんはおもちになっていると思います。が、それをさらに徹底してもち、そこに生きがいを感じることが大切だと思うのです。

以前、ソ連のガガーリン少佐が人類はじめての宇宙飛行に見事成功したとき、私は、結局この人は宇宙飛行士としての自分の仕事に命をかけている。もし地上に帰れなければ命はなくなる。しかし国家のため文化のために命をかけているところに、喜びというか生きがいがあるのだろう。仕事は違うが、われわれがそういう喜び、感激というものを日常もつことができれば、どれほど幸せかわからない。こういうように感じたのです。

今日、世界が発展し、それぞれの国が発展していくということを考えてみると、その国民が、その国家がより多くの命をかけて仕事をする、それぞれの分野に、それぞれの仕事に命をかけて取り組み、そこからみずからの喜びを味わっているというような勤務体制、仕事体制をより多くもっている国が、私は一番発展していくと思うのです。そして、そのことがお互いの幸せに結びつくものだと思うのです。

それで私自身も、自分はこの仕事に命をかけてやっているかどうかと、これまで困難な問題に出くわすたびに自問自答してきました。そうすると、非常に煩悶《はんもん》の多いときに感じることは、命をかけるようなところがどうもなかったように思われるのです。だから煩悶が起こってきているように思われるのです。

つまり、「自分は困難に直面して、命をかけて仕事をしていなかった。楽をしていこうと考えていた。そこにこの煩悶があるのだ」こう感じたわけです。それで、心を入れかえてその困難に向かっていきました。そうすると、そこに勇気が湧き、困難も困難とならず、新しい創意工夫も次つぎと起こってきたのです。そういう体験をたくさんもっています。

そういう体験から考えて、私は、お互い人間は、楽をすることも結構だけれども、しかし非常に困難なつらい局面に立って、そしてなお辛抱してそれをつきぬけることを味わい、それに命をかけていくというところに、本当の意味の生きがい、喜びというものが感じられるのではないか、という気がするのです。

趣味と本業は

自分の仕事に楽しみを

きびしい話ばかり続きますが、私は、人生というものは、終生勉強だと思っています。終生勉強だという考えをしっかりともっていなければ、その人の進歩向上がとまってしまうのではないかという感じがします。

よく、「あの人は大器晩成型だ」などと言いますが、大器晩成型の人というのは、終生勉強だという考えが心のどこかに力強くひそんでいて、そして常に新しいものを吸収し、勉強し、人の教えを喜んで受けていくという態度が失われていない人だと思います。そういう人がいわゆる大器晩成型の人だと思うのです。

世の中には、若くしてすぐ間にあうような人もいます。これはこれで、まことに結構だと思います。が、そういう人は、ともすると、非常に伸びてはいくものの、途中で進歩がとまったり、むしろ退歩していったり、考えが鈍っていく、ということになりがちだと思います。

つまり、常に新しいものを発見していくという力強い態度がなくなって、その日が暮らせたらそれでいいという状態になってしまうのです。強い希望も理想もなくなって、自分の仕事への理解、その仕事のもつ使命感もだんだんと薄らいでいって、ただ何がなしに仕事をしているというようなことにもなりかねません。そういう姿は世間一般にしばしば見受けられるところでしょう。

世の中にはたくさんの人がいますから、理想的に発展していく人もあれば、それほどではないが発展していく人もいます。横ばいの人もいるし、ある年限から退歩していく人もいます。世間はさまざまですから、それを全部一様にすることはむつかしいことですし、また望ましくないことだと思います。しかし、少なくともみなさんは、やはり一歩一歩急がずあわてず踏みしめて向上し、大器晩成型というか、そういう生き方をすることが大事ではないかと思います。それが非常に望ましいことだと思うのです。

そのためには、やはりあわててはいけません。早く出世を望んではいけません。人によっていろいろ違うでしょうが、仕事は一日のうちで一番長く時間をかけるものです。だから、その自分の仕事そのものに楽しみをおぼえることが非常に大事ではないかと思います。

「仕事というものは、いやなもの、つらいものだ。しかし食べるためには仕方がない。だからそれがすんだらやれやれで、一時間でも二時間でも遊ぼう」こういう考えの人があるとすると、それは非常に心の貧困な人ではないかという感じがします。自分がする一日の仕事に非常な楽しみ、興味をおぼえる、これが一番その人としては好ましい姿、また楽しい姿ではないかと思います。そこには疲れも少ないでしょうし、またそこからは、非常に進歩発展ももたらされるだろうと思うのです。

趣味に生きるのなら

みなさんはどうでしょうか。みなさんの中で自分の仕事に興味をもたないという人はないと思います。が、興味が薄いという人はあると思います。

薄いという人は、やはりその仕事については成功しにくいと思います。先ほどもふれましたが、自分のもつ仕事に命をかける、その命をかけるところに生きがいを感じるというような姿であってこそ、必ず他に共鳴者を得、その仕事を成功させ得ると思うのです。

たとえば、セールスマンとして成功する人はどういう人か考えてみましょう。それはやはり、セールスの仕事に命をかけている人です。その人はセールスがおもしろくて仕方がない。おもしろくて仕方がないから、命をかけるほどの熱意が出てくる。それでセールスの上に自分の特色を次つぎと生かしていく。また、どういう態度でどういう説き方をすればお客を説得できるかということを考えて編み出していく。そういうことで、そこに全身全霊を打ち込むわけです。それでこそ、セールスマンとして立派に成功するのです。これは、もちろんセールスマンに限らず、業務を担当する人も、研究、技術を担当する人も、一切の人についてそういうことがいえると思うのです。

みなさんの中には、自分の仕事に興味がなく、むしろ他に興味があるのだという人もいるかもしれません。仕事は食べるためにある程度はやるが、あとは遊ぶ、あるいは自分の趣味に生きる、こういう人もいると思います。しかしそういうことでは、やはり自分の本業については成功しにくいと思います。だから、むしろ趣味そのものを、本業に変えたほうがいいのではないかと思うのです。

自分は会社の一員になっているけれども、どうも頭の中に俳句のことがこびりついている。だから仕事をしているときでも、ときに俳句をつくることが頭に浮かんでくる。またそこに、非常におもしろさと意義をおぼえる。こういう人が、あるいはいるかもしれません。もしそうだとしたら、私は、そういう人は、思い切って俳句に生きればよいのではないかと思います。

〝食うに困る〟という極端なことは、今日ではほとんどありません。昔の俳人は、食うに困るような状態をもいとわず、俳句一本に生きたといいますが、今日は非常に結構な世であって、それほど生活に困窮することもないと思います。食物は比較的得やすいと思うのです。ですからそういう人はむしろ俳句一本に生きようと決心し、少々貧しくても、そこに人生の生きがいを感じるようにしたほうがいいと思います。

そうでなくして、「自分は自分の本業、本来の仕事に命を打ち込んでいるが、その余暇に俳句を楽しむのだ。それで非常に自分自身を潤すことになり、本業をやっていく上においていろいろプラスにもなる。また自分の人間形成の上にもプラスになる。それがまた本業の成果をあげる足しにもなる。だからやるのだ」こういうことであれば、これはこれで立派なひとつの姿だと思います。しかしそうでないあいまいな生活をしているというのでは、これは好ましくないと思うのです。

日々方針を立てて

そこに興味と喜びが

自分の仕事を楽しむ、これもひとつの心構えといえるかもしれませんが、私はお互いが会社員として、いわゆる経済人、産業人として立つからには、産業人としての基本的な心構えというものがなければいけないと思うのです。これは個人としてだけでなく、会社としてもそうです。会社としても物をつくる会社であれば物をつくる会社としての、基本的な心構えがなければいけないと思います。そういうものを、みなさんが養うよう、お互いに協力し、努力し合うことが大切だと思います。

会社としての心構えについては、それぞれの会社の社則とか社史といったものに出ているでしょう。ですから、みなさんはそれを見、その伝統を尊んで、そしてそこにみなさんの工夫を加えれば、立派な社員となっていくと思います。それをせずして、ただ連綿と日をおくっていくのであれば、それは年をとるだけにすぎないと思うのです。それでは人生まことにもったいないのではないか、という感じがします。

ところで、私どもの会社では、年々、その年の行き方を正月の十日に発表して、それをその年の指導精神、方針とし、それをみなが守ってやってきました。そのようにしつつ幸いにして今日をなしたのですから、それはそれで非常に有意義であったと思います。なぜ有意義だったかというと、その一応の方針、目標のもとにみなが相寄って進んだからです。これはこれでひとつの行き方だったと思います。

そういうことを考えてみると、みなさんとしても、みなさん自身においてそういうものをもってみてはどうかと思うのです。たとえば、みなさんの会社がその一年の方針を発表したなら、それをもとにして自分はこの一年間どうやっていこうか、自分自身の勤務方針はこういうものにしよう、ということを考える。ひとつの課を担当している人であれば、自分の課はこの一年こうやっていこう、というようなことを考える。もっと極端にいうなら、日々そういう方針を立てることが大事だと思います。一年についで立てると同時に日々立てるのです。それは別にめんどうくさいことではないと思います。そのようにしてこそ、興味も湧き、おもしろ味もあるのです。

野球の選手にしても、きょうは自分が出場するのだからひとつ勝ちたいものだ、どのように球を投げ、打てば成功するだろうか、というようなことを一生懸命考えつつ、試合に臨むでしょう。もちろん、なかなかその考えどおりにはいかず、場合によっては負けてしまうこともあるでしょうが、しかし、そう考えていろいろ研究していくところに、無量の興味が湧いてくるわけです。だから疲れを知らないということにもなります。

会社の経営にしても、会社をこの一年間にこうもっていきたい、ああもっていきたいと考えて努力するところに、会社経営者としての喜びがあるのです。そういうことに喜びをもたない経営者は失敗すると思います。なにげなしに経営しているような経営者は、全部失敗してしまうと思うのです。

個人においてもそうだと思います。みなさんが会社の社員なら、社員としてまことに尊い仕事、使命というものがあります。その使命を自覚して、そして自分はこういうようにやってみたいなと考えて努力していく。そこに喜びを見出すことが大切ではないかと思うのです。

道は無限にある

この本のタイトルである〝道は無限にある〟ということも、ひとつにはそういうところから出てくるといえるでしょう。つまり、「まえがき」でもふれたように、お互いが日に新たな考えをもって活動を進めていってこそ、よりよき知恵も生まれ、進歩向上ももたらされてくると思いますが、その姿は、ひとつにはやはりお互いがみずからの使命を自覚し、「ぜひこうしたい」と考えて努力していくところから生まれると思うのです。

お互いに、日に新たでなければならないと思います。たえず積極的に変化発展を求めていくことが大切です。極端にいえば、きのうの姿をきょうそのまま続けていてはいけないのです。また、きょうはこれが最善だと思っていることでも、考え方によればまだまだ他に道があるかもしれないのです。

みなさんは、今後ともいろいろときびしい、むつかしい場面に立つこともあろうかと思いますが、決して希望を失うことなく、志を固くし、そして無限にある道、よりよき道を見出して力強く歩んでいかれるよう、心から祈りつつ筆をおきたいと思います。

この作品は、一九七五年五月にＰＨＰ研究所より刊行された。

〈著者略歴〉
松下幸之助（まつした・こうのすけ）
パナソニック（旧松下電器産業）グループ創業者、ＰＨＰ研究所創設者。明治27（1894）年、和歌山県に生まれる。9歳で単身大阪に出、火鉢店、自転車店に奉公ののち、大阪電燈株式会社に勤務。大正7（1918）年、23歳で松下電気器具製作所（昭和10年に松下電器産業に改称）を創業。昭和21（1946）年には、「Peace and Happiness through Prosperity＝繁栄によって平和と幸福を」のスローガンを掲げてＰＨＰ研究所を創設。昭和55（1980）年、松下政経塾を開塾。平成元（1989）年に94歳で没。

［新装版］道は無限にある

2007年10月29日　第1版第1刷発行
2025年2月3日　第1版第14刷発行

著　者　松下幸之助
発行者　永田貴之
発行所　株式会社ＰＨＰ研究所
東京本部　〒135-8137　江東区豊洲5-6-52
ビジネス・教養出版部　☎03-3520-9619（編集）
普及部　☎03-3520-9630（販売）
京都本部　〒601-8411　京都市南区西九条北ノ内町11
松下幸之助.com　https://konosuke-matsushita.com
PHP INTERFACE　https://www.php.co.jp/
組　版　株式会社編集社
印刷所
製本所　TOPPANクロレ株式会社

ISBN978-4-569-69565-5